東京クラッシュ

男は星の数ほどいるけれど

Published by K.K. HarperCollins Japan, 2024

Contents

女子会をするために、わたしたちは都心の洗練されたエリア、表《おもて》参道《さんどう》に集合した。おしゃれなブティックが軒をつらねる大通りに面したレストランのルーフトップテラスでテーブルを囲んでいるのは、アリス、ラシェル、ニーナ、そしてわたし。アリスは日本人男性と結婚していて、ラシェルには数カ月前から付き合っている日本人の彼がいる。

わたしたち4人は全員、〝アラサー女子〟のフランス人。東京に住んで4年以上がたつ。日本語も当然、かなりできる。日本で暮らすようになった理由はそれぞれ違っても、1つだけ共通点がある。独身だろうと既婚だろうと、わたしたちの日常は挑戦の連続。いわゆる文化の違いという壁と日々、闘っている点だ。

その日の会話はいつものように、〝恋バナ〟から始まった。わたしは最近、一晩を過ごした男の話をした。彼が「小さくてごめん」と謝ったと言ったとたん、3人とも大きくうなずいた。まったく同じ経験があるという。「君はもっと大きいサイズしか知らないよね?」彼はそう言って、まるで日本人男性の代表でもあるかのように謝罪した。それを話すと、突然、ニーナが声をあげた。

「ちょっと、待って。わたしが先月お目にかかったのは……」それから、わたしたちの顔を見まわすと、もったいぶって宣言した。「間違いなく、日本でいちばんビッグなサイズだったよ!」

「わたしは日本人のサイズが好き」ラシェルが口を挟んだ。「だって、痛くないし」

そう言って、隣のテーブルに座っている男たちにちらりと目をやった。幸いなことに、わたしたちのフランス語の会話を理解している様子はない。

それにしても、日本に来て以来、フランスの男友だちから何回尋ねられたことだろう。「日本人のサイズが小さいというのは本当か?」と。わざわざわたしに訊《き》かなくても、ネットで答えが得られるだろうに。というわけで、いざ検索をしてみると、複数のサイトで日本人男性の平均は13・56センチ、いっぽう、フランス人男性の平均は15・74センチとなっている。つまり、日本の男たちはこの解剖学的な違いを把握しているわけだ。その結果、コンプレックスを抱く男たちも出てくるのだろう。特に、外国人女性に対して。

わたしはそういう男性との残念な一夜を3人の前で語ったのだ。彼があれほど自分に自信が持てない男だったとは。そして、そんな男にわたしはあれこれと妄想を膨らませていたというわけだ。3人もわたし同様にガッカリしていた。

「でも、失敗したデートの話のほうが面白いって」

アリスはそう言って励ましてくれた。

東京デビュー

Mes débuts à Tokyo

人生を変えたいと
思っていたわけでもないし、
待っている人がいたわけでもない。
でも、それから5年、
わたしはまだ日本にいる。

ある日、わたしは愛犬エドガーを連れて、小さなスーツケース1つでシャルル・ド・ゴール空港から東京へと飛びたった。片道だけの航空チケットを握りしめて。ワーキングホリデーで、1年間、日本に滞在するためだ。

なぜわたしがそんな決断をするに至ったか？　はっきり言うと、特に理由はなかった。その頃、人生を変えたいと思っていたわけでもないし、恋人と破局したわけでもない。もちろん、日本でわたしを待っている人がいたわけでもない。ついでに言えば、日本で有望な仕事を見つけたわけでもなかった。そもそも日本語だって話せなかったのだから。1年間の日本滞在を思う存分楽しんで、フランスに帰る……つもりだった。でも、それから5年、わたしはまだ日本にいる。

もっとも、日本に行くのはそのときが初めてではなかった。過去に何回か日本を訪れている。そして、そのたびに日本各地を旅行した。なかでも心をわしづかみにされたのは東京。だからといって、東京に住もうとまでは考えなかった。

でも、それも悪くないかもしれない。そう思いたったのは、2016年のある日のこと。当時、わたしは28歳。30歳以下が取得できるワーキングホリデーを申請するなら今しかない！　というわけで、日本行きを即決したが、準備には時間をかけた。まず、数カ月間働かなくても暮らしていけるように資金を貯《た》めた。次に、エドガーを日本に連れていくために気の遠くなるような煩雑《はんざつ》な手続きに着手した。エドガーと別れて暮らすなんて問題外。わたしたちはつねに行動を共にする。そして、初心者用の日本語のテキストを買ったが、それを開く間もなく、出国することになってしまった。文字どおり、出発の準備に忙殺され、「日本に到着したら何をしよう？」なんて考える余裕さえなかった。

離陸する機内で、膝の上にのせたキャリーバッグの中でおとなしくしているエドガーを見ながら、わたしは13歳の自分を思い返した。中学生だったあの頃、ファッションや漫画やアニメを通して知った日本に夢中だった。日本に関することならなんでも知りたくて、ネット検索に没頭した。日本が大好きな人たちのブログを読み、日本の雑誌のページが見られないかと懸命に探したりした。なんだか宝物でも見つけたようで、ちょっと得意げで幸福感に包まれていた女の子。それが当時のわたしだった。

出国する前に、ウェブの奥深くまで分け入るように検索して、東京での住まいを確保したが、ネットでホテルを予約するようなわけにはいかなかった。なにしろわたしは無職になるし、日本に銀行口座があるわけでもない。フランス国内の住所と電話番号はいずれ使えなくなる。さらにアパート探しを難しくしたのは、飼い犬を受け入れてくれる家主がほとんどいなかったことだ。これにはちょっと、驚いた。

そうやって苦労して見つけた物件は五反田《ごたんだ》にあった。五反田といえば、夜遅くまで営業している飲食店が多く、風俗街もある。街のイメージはいいとは言えない。言ってみれば、五反田は不良青年。付き合うのはちょっと待った、と言われるだろう。でも、そんなことはもちろん、当時のわたしには知る由もなかった。

わたしの部屋は2階にあって、窓から小さな川と、1本の桜の木が見えた（結局、花が咲くのを見ることはなかったけれど）。4部屋ある建物は恐ろしく古い代物だった。ウェブサイトの写真ではレトロな雰囲気がにじむ感じのいい物件だったが、実際に住んでみると、お世辞にも快適とは言えなかった。特に気が滅入《めい》ったのは、ちょっとした地震でも大きく揺れること。今どきの頑丈な建物なら感じないのかもしれないが、木造の古びた建物は地震に限らず、毎週必ず何回か揺れた。だから、留守中に何が起きるか心配で、エドガーを部屋に置いて外出することなど絶対にできなかった。

外国で暮らすのは、人が思うほどワクワクするようなものではない。初めの頃は面倒な手続きを1つずつ、次から次へとこなしていかなければならない。まず、住まいのある区役所に行って住民登録をする。次に、大使館に行って在留届を出す。そして、スマホの契約をする。これが大変なのだ。スマホを契約するためには銀行口座が必要で、でも、銀行口座を開設するためには電話番号が必要なわけで……。日本に住もうとする外国人なら誰でもこの難関をクリアしなければならない。しかも、契約書は全部日本語で書いてある。日本に到着したときに知っていた日本語といえば、「こんにちは」「ありがとう」「すみません」の三言だけ。つまり、日本語はほぼできなかったわけで、そんなわたしがどうやって電気・水道・ガスにインターネットの契約をすることができたのか、今でもまったくわからない。とにかくひとりでなんとかするしかなかった。言葉の壁があろうと、何をどうするのかわからなくても、ひたすら頑張るしかなかったのだ。もしかしたら、知らない間に自分の社交スキルと言語能力を最大限に発揮していたのかもしれない。それでも、契約書の中で大事な一文を見落としているのではないかという不安に（実際には契約書のすべてが理解できなかったわけだけれど）つねにかられていた。取り返しのつかない結果を招くのではないかと。

日本に到着して3週間後、わたしとエドガーは五反田から高円寺《こうえんじ》へ引っ越した。行く先が高円寺と聞いて面白がる日本人もいた。高円寺はボヘミアンたちが集まる街だ。古着屋が軒をつらね、ジャズバーやライブハウスが集まっている。ミュージシャン風の男女が行きかい、深夜ともなると、高円寺駅周辺の通りでは地べたに座って無防備に眠りこんでいる酔っ払いの姿を見かけるようになる。

高円寺のアパートは五反田のアパートよりも小さかったけれど、なんといっても清潔で、おまけに新築だった。そこでわたしはヨーロッパではめったにお目にかかれない画期的な家電製品を日常的に使うことになった。たとえば、温水洗浄便座。あるいは、お風呂の追い焚《だ》き機能。これは前夜に浸《つ》かったお風呂のお湯を翌日、温めて使うためのもの。日本人は身体を洗ってから湯船に浸かるので、そんなこともできてしまうのだ。いっぽう、冷水で洗う日本の洗濯機。これで本当に汚れが落ちるのだろうかと疑わしく思いながら使っていた。

わたしは早々にパステルグリーンの自転車を買い、アパートの前、自分の目の届くところに駐輪した。部屋の窓から古びた昔ながらの日本家屋が見えた。庭に大きな藤の木があって、5月になると藤の花が満開になり、窓の向こうは一面、薄紫色に染まった。

わたしはさっそく日本語の勉強を始めた。まずは日本語の基礎を身につけるつもりだったが、さらに日本語能力試験JLPTのレベル2を取得するという壮大な目標を設定した。日本で働くためにはレベル2、N2の日本語力が必要なのだ。もっとも、さすがにそれは不可能だろうとも思っていた。そもそも、レベル2を取得するために来日したわけじゃない。それに、その頃は、自分が日本語のとりこになるとは思ってもいなかった。

とりあえず日本語学校に入学の手続きを取り、初級クラスに入って、毎日、午前中3時間、授業を受けた。授業が終わると、高円寺のアパートに帰って、エドガーと一緒に散歩に出かける。仕事も探さず、わたしはアパートと学校を往復する日々を楽しんだ。

日本での最初の冬はそんなふうに過ぎていった。東京は冬晴れの日が続き、街全体がうっすらと青みを帯びる。夕暮れ時は西の空が燃えるようなバラ色に染まった。わたしは新宿《しんじゅく》にある都庁45階の展望室に行って富士山を眺め、都心のイルミネーションを見てまわり、いろいろな日本の冬の味覚を味わった。

そして、生まれて初めて、銭湯に行った。

銭湯とは近所にある共同浴場で、みんな全裸で入浴する。湯船のお湯の温度は

43度前後。だから、中に入っていられるのはわずか数分で、わたしは全身、ザリガニのように真っ赤になって、急いで湯船から上がった。また入っては出てを繰り返し、ようやく慣れてきたが、やがて、湯船に浸かっていると、いっきに全身がほどけていく感覚に包まれた。まさに自分への小さなごほうび、日常の中の非日常とでも言いたくなるような特別なひとときが訪れた。

わたしが大胆にも飛びこんだ銭湯は古びた施設で、子どもからお年寄りまで幅広い世代に利用されているようだった。まず入口を入ると、カウンターがある。そこを仕切っているのは小柄でしわだらけのおばあさん。カウンターのレースの敷物の上には小さなQRコードのプラスチックのプレートが置かれていて、利用客はここでポイントを貯める仕組みになっている。入口近くにはどっしりとした革の肘掛椅子が向かい合わせに置かれ、そこでシニア世代の客たちが熱心に語り合っていた。部屋の一角には天井近くにテレビが設置され、ニュース番組の映像が延々と流れている。窓際には新聞や漫画が積まれ、こまごまとした置物も並んでいた。小さな冷蔵庫もあって、お風呂から上がった人々が中からビールや紙パック入りの牛乳を取りだして飲んでいる。

わたしはそんな家庭的な雰囲気がいっぺんで好きになった。その日は身も心も温まり、いい気分で外に出た。そして、その後もよく、この近所の銭湯に足を運んだ。

居酒屋バイト

L'izakaya

居酒屋で働くようになって、
わたしの日本語は
いっきに上達した。
やがて、通りで男性から
声をかけられるようになった。

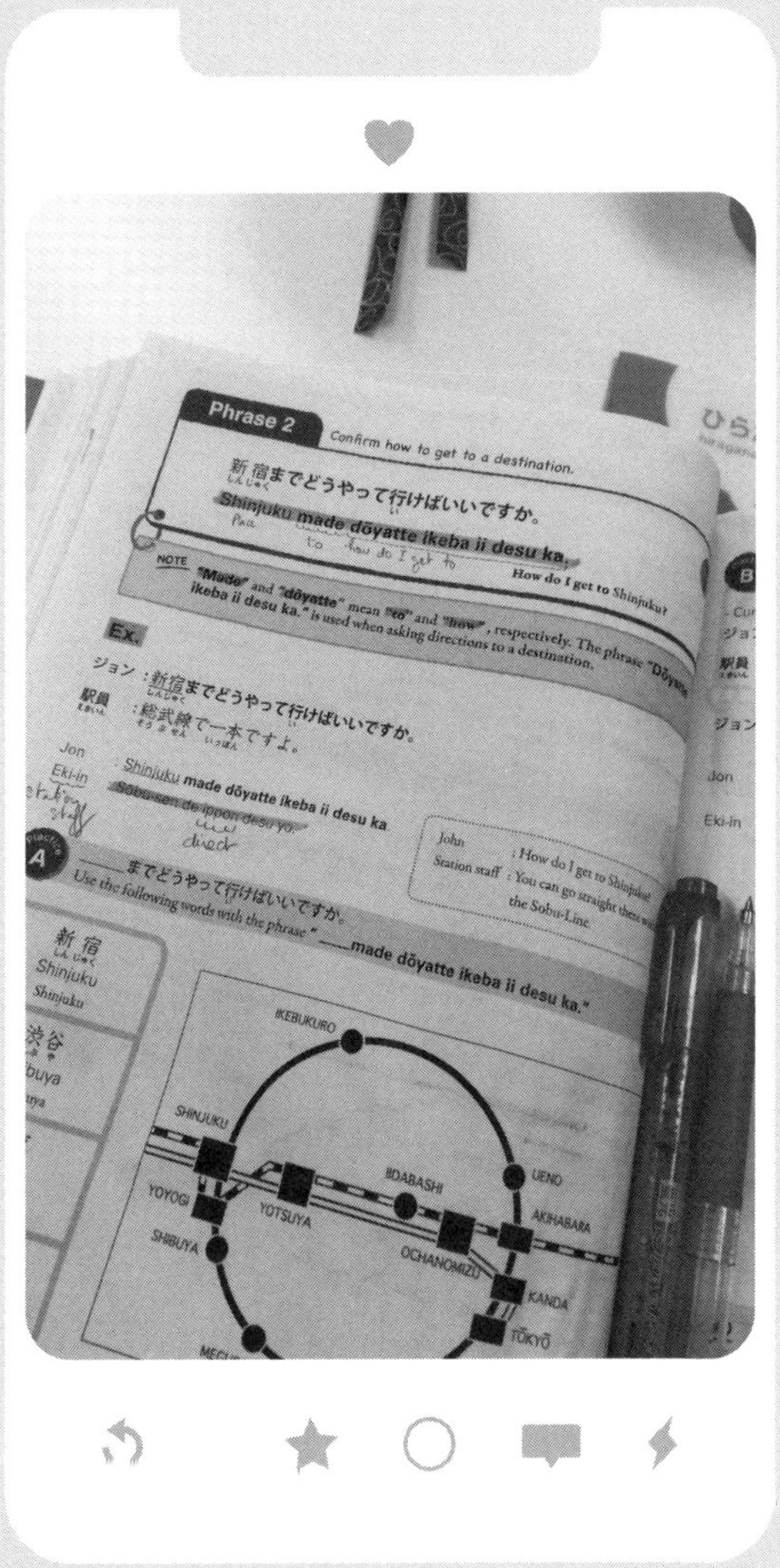
Phrase 2
Confirm how to get to a destination.
新宿までどうやって行けばいいですか。
Shinjuku made dōyatte ikeba ii desu ka.
How do I get to Shinjuku?
NOTE
"Made" and "dōyatte" mean "to" and "how", respectively. The phrase "Dōyatte ikeba ii desu ka." is used when asking directions to a destination.
Ex.
ジョン：新宿までどうやって行けばいいですか。
駅員：総武線で一本ですよ。
Jon : Shinjuku made dōyatte ikeba ii desu ka
Eki-in : Sōbu-sen de ippon desu yo.
John : How do I get to Shinjuku?
Station staff : You can go straight there
the Sobu-Line.
Practice A
まで どうやって行けばいいですか。
Use the following words with the phrase "___made dōyatte ikeba ii desu ka."
新宿
Shinjuku
Shinjuku
渋谷
IKEBUKURO
SHINJUKU
YOYOGI
SHIBUYA
YOTSUYA
IIDABASHI
UENO
AKIHABARA
OCHANOMIZU
KANDA
TŌKYŌ

2年後、わたしは日本語能力試験JLPTのN2に合格した。結果が発表された夜、パソコンの画面の向こうにいるナディアとともに祝杯をあげた。ナディアはわたしの東京での日々の奮闘《ふんとう》をパリから応援してくれる友人だ。念願のN2合格を報告したとき、ナディアはグラスを高々とかかげて言った。

「あなたの日本語を上達させてくれたすべてのデートに感謝をこめて！」

何を隠そう、わたしは生まれて初めて、マッチングアプリをダウンロードしていたのだ。そう、身をもって日本語を学ぶために！

日本製のアプリと異なり、外国人が多く登録していると評判のTinder（ティンダー）には、「ランゲージ・パートナー」を探しているというメッセージが多いと聞いて、だったら、試してみようかなという気になったのだ。日本人の知り合いはまだいないし、時間もたっぷりあるし、それに、もしかしたら、本当の出会いがあるかもしれないし……とあれこれ考えていたが、ワーキングホリデー・ビザの有効期限を思い出して、決断した。迷っている場合じゃない。

そういうわけで、わたしは29歳にして初めてマッチングアプリを使うことになった。会員登録するときには、好奇心と胸の高鳴りが交錯した。写りのいい写真を数枚選び、プロフィールには「パリ出身、東京在住」とだけ記した。でも、このプロフィールを作ったことで、その後どんな展開が待ち受けているか、そのときはまったく想像もつかなかった……。

わたしはいつの間にか、日本語の勉強に夢中になっていた。だから、上達も早かった。日本語学校で習った表現はすぐに日常生活で使うようにした。スーパーマーケットのレジやレストランはまさに絶好の機会だった。

やがて、日本で最初の春を迎える頃には、日本語でバイトをすることにも不安を感じなくなった。日本では「アルバイト」を「バイト」と短く言うことが圧倒的に多い。バイトで働いているのは主に学生だが、中には定年退職者もいる。労働条件は必ずしも良くないが、働きたいときに働けるという選択の自由がある。

わたしは週末を除いて、毎日17時から23時まで、居酒屋でバイトを始めた。

友だちが店長を紹介してくれたのがきっかけだった。店はビジネス街、赤坂《あかさか》の高層ビルの地階にあった。外国人スタッフはわたしだけ。従業員は誰も、フランス語どころか片言の英語さえ話せない。だから、働きはじめたばかりの頃は恐ろしく大変な日々が続いた。わたしは店長の許可を得て、メニューを自宅に持って帰り、すべての料理の名前を暗記するとともに、正確に発音できるように徹底的に練習した。同時に、最低限必要な敬語も頭に入れた。日本語はひらがな、カタカナ、そして漢字の3種類で成り立っている。漢字は中国由来だが、その読み方は何通りもある。そういえば、日本語を話すことはできても、読み書きまで習得するのは難しいとどこかに書いてあった。本当にそのとおりだ。

毎晩、わたしは居酒屋で微笑《ほほえ》みを絶やすことなく、全力投球で働いた。藍《あい》色の薄地の着物に花柄の帯を締め、おそろいの草履《ぞうり》をはく。この制服に着替えると、スタッフ全員に挨拶をして、自分の持ち場につく。同僚たちに受け入れてもらえるよう、わたしは懸命《けんめい》に働いた。

店に来る客のほとんどは、居酒屋が入っている高層ビルに勤務している。みんな短髪にダークスーツ姿で、まさに〝サラリーマン〟というイメージにぴったたり。なかには週に3～4回、やって来る人もいる。そのうちに、そうした常連客から挨拶されるようになった。

わたしは飲み物担当。8個のジョッキを一度に運ばなければならない。「とりあえずビールはいかがですか？」と言いながら、テーブルからテーブルへと小走りに回った。お座敷に上がるときには、急いで脱いだ草履が一瞬、宙を舞う。お座敷では職場の仲間との〝飲み会〟が行われることが多い。まさに、飲んで騒ぐ集まりで、飲み会が終わると、参加者のほとんどが赤い顔をして、焦点の定まらない目つきで店を出る。

客は細長いテーブルを前に、畳の上にじかに置かれた薄い座布団の上に座る。お座敷の入口には段差があり、客が脱いだ靴と一時的に席を立つときのためのスリッパがずらりと並んでいる。

トイレに行ったら、色の違う別のスリッパにはきかえなければならない。わずか数平方メートルの個室で使用されるためだけに置かれた専用スリッパだ。これは居酒屋に限らない。ホテルでもトイレ専用のスリッパが置かれている。そもそも、ほとんどの日本人の住まいはこの方式だ。すっかり酔っ払った客がトイレのスリッパをはいたままお座敷に戻ったことに気がついて、へらへら笑いながらトイレに戻っていく……なんていうこともよくある。

そういう光景が愉快で、飲み物を運びながら、密《ひそ》かに観察を続けた。そして、自分がフランスから遠く離れた場所にいることを実感した。

居酒屋は決まり事にしたがって物事が進行する独特の世界だ。客が来店する、あるいは帰るときには、店員全員が一斉に大声で挨拶をする。また、客が店員を呼ぶときも声を張り上げ、呼ばれたほうも同じように大きな声で返事をする。そして急いで客のところに駆けつける。注文を取るときには、店員はカウンターと厨房《ちゅうぼう》に聞こえるように大声で注文を復唱する。そして、そのたびに、カウンターと厨房から「かしこまりました！」という声が響きわたる。そこに、あちこちから聞こえてくるグラスを当てる音とタバコの煙に包まれた笑い声が重なって、なんだか陽気な不協和音を聞いているような気になった。

わたしが働いていた店では、サービスが完璧に行きとどいているかどうか、店長がつねに目を光らせていた。客が席に着くと、間髪を入れずに、季節に応じて温かい、または冷たいおしぼりを持っていき、客の目の前で丁寧にそれを広げなければならない。

居酒屋でバイトをするようになって、わたしの日本語はいっきに上達した。店のざわめきの中で、ほろ酔い加減の客を相手に話すことで鍛えられたのだ。そして、バイトの初日に店長から言われたことを忠実に守った。「もし、お客さんの言っていることがわからなかったら、笑顔だよ、笑顔!」

どこに行っても、わたしは質問攻めにあった。「いつから日本に住んでるの?」とか「どうして日本に来たの?」、「東京のどこが好き?」や「日本語はどうやって勉強してる?」などなど。なかにはLINEの連絡先を訊いてくる客もいた。

そういうときはいつもこう答えた。「わたし、居酒屋と結婚してるんです!でも、遠慮しないで、またわたしに会いに来てくださいね。そうすると、店長が喜びますから」そして、軽くウィンクしながら、客に近づいて尋ねる。「飲み物、お代わりいかがですか？」

そのうちに、わたしは通りで男性から声をかけられるようになった。〝ナンパ〟というやつだ。ナンパしている男たちをカフェの窓から見ていると本当に飽きない。彼らは「獲物」を求めて人通りの多い場所で待機している。そして、狙いを定めると、その女性に近づいて、並んで歩き、身をかがめて話しかける。ほとんどの女性は足を速めるだけだ。すると、今度は別の女性に声をかける。無視されようと断られようと、男たちは諦めない。わたしはだいぶあとになってから、ナンパスポットがあることを知った。JRの有楽町《ゆうらくちょう》駅と新橋《しんばし》駅の間の線路沿いに続く飲食店街のことで、まさに東京のビジネス街の中心にある。仕事帰りのサラリーマンが大勢飲みに来る場所だが、仕事の疲れを癒《いや》すためだけでなく、もしかしたら出会いも求めているのかもしれない。

そういえば、マッチングアプリで知り合ってデートした男性のひとりからナンパのテクニックについて聞いたことがある。これは彼の友人の話だ。なんでもその友人は毎週数時間、街中で女性たちに声をかけているという。まず、女性の後ろから、スナック菓子の箱を差しだしながら声をかける。「すいません。これ、落としましたよ」そう言われた女性は、驚き、戸惑いながら、自分のものではないと答える。すると、友人はさりげなく続ける。「じゃあ、これをつまみながら、一杯飲みませんか?」でも、それで本当にうまくいく?

それから、〝逆ナン〟なるものがあることも知った。これは、逆ナンパ、つまり女性が男性に声をかけること。こんなふうに日本語の表現はとても具体的だ。そこが日本語の面白いところだった。

驚くべきティンダーワールド

Le monde fou de Tinder au Japon

ティンダーのプロフィールを
見るたびに、
日本という国への新しい扉が
1つずつ開かれるようだった。
でも、同じ相手と2回目のデートを
することはほとんどなかった。

ティンダーにプロフィールをアップしたあと、わたしは操作を開始した。ランダムに表示される写真を見て、気に入らなければ左にスワイプ、気に入れば右にスワイプして、「Ｌｉｋｅ《ライク》」を送る。これは面白くて、クセになった。気に入った相手がＬｉｋｅを送ってくれれば、マッチングが成立。マッチした相手にメッセージを送る。初めての経験だった。まだ漢字が読めなかったので、自動翻訳を使って相手のメッセージを読み、わたしの知っている初級の日本語でメッセージを送った。

でも、ユーモアのセンスがあって、当意即妙に反応する男はひとりもいない。送られてくるメッセージはどれも似ている。判で押したように、型にはまった礼儀正しい文章だ。日本の社会がいつでも、そして、どこでもそうであるように、男性が女性を誘うときもなんらかのルールにしたがっているように見えた。

わたしは少しずつ「敬語」に慣れていった。日本語を学習する外国人にとって、これが難関のひとつ。敬語は本当に難しい。日本人でさえそう言うぐらいだ。敬語の使い方は3通りある。まず、相手に丁寧に話す丁寧語。次に、相手に敬意を示す尊敬語。そして、へりくだった表現をする謙譲語だ。日本人は子どもの頃から、〝先輩〟〝後輩〟という人間関係になじんでいる。先輩は年上でお手本とすべき存在、後輩は年下で経験不足。だから指導者《メンター》が必要と考えられている。こうした人間関係に応じて、日本人は異なる話し方を巧みに使いわけているわけだ。

ティンダーでは、ほとんどのメッセージが敬語で書かれている。「敬語を使おうとしないような男は絶対に相手にしないこと！」日本人の友人セイナからそう言われたけれど、納得できなかった。敬語を使う男性が全員、まじめなタイプとは限らないだろう。それに、いつまで敬語を使わなければならないのだろうか？

わたし自身は早々にくだけた口調で話すことが多かった。敬語よりもそのほうが話しやすかったから。それに、敬語を使うとどうしても相手との間に距離ができる。それではなかなか打ち解けることができない。

セイナによれば、出会ってから数回のデートのあと、あるいは〝告白〟のあと、敬語は使われなくなるという。ちなみに、告白とは相手に気持ちを伝えることで、正式に交際を始めるきっかけになる。それでも、中には数カ月も敬語を使いつづけるカップルもあるらしい。「セックスしたり、ケンカをしたりすると、それがきっかけとなって、敬語を使わなくなるもんだよ」セイナがそう説明してくれた。つまり、敬語はふたりの関係を始める最初の一歩というわけ。

同様に、相手を名字で呼んでいるか、それとも名前で呼んでいるかで、ふたりの人間関係がわかる。名前の後ろにつける「敬称」も然《しか》り。フォーマルな、「ムッシュー」「マダム」のような呼び方で、客に対しては「○○さま」、丁寧語で話す相手には「○○さん」と呼びかける。そして、親しい間柄になると、「○○ちゃん」や「○○君」となる。バイト先の居酒屋では、スタッフは全員わたしの先輩なので、わたしは当たり前のように「ヴァネちゃん!」と呼ばれていた。その後、フルタイムで働いた会社では、「ヴァネッサさん」と呼ばれた。ちなみに、日本人スタッフは名字で呼び合っているのに、外国人スタッフは圧倒的にファーストネームで呼ばれることが多い。

日本ではナイトクラブでさえ、男たちはルールにしたがって女性を誘う。クラブは、「ナンパとパリピの巣窟」と呼ばれている。だから、気をつけるように言われていたにもかかわらず、実際に行って、自分自身で確かめたのだから間違いない。〝パリピ〟とはパーティー好きな人々のことで、「パーティー・ピープル」という言葉からきている。

その夜、わたしは日本語学校の仲間たちと渋谷《しぶや》に集合した。人混みを縫うようにスクランブル交差点を渡り、わたしたちは外国人に人気のクラブ、WOMB《ウーム》に向かった。入口で身分証明書を見せ、ロッカーに荷物をあずける。一瞬、プールに来たような錯覚を覚えたが、それを除けば、どこにでもあるようなごく普通のクラブだ。人であふれたダンスフロアにバー、きらめくミラーボール……。想像していたような派手な装飾もない。

わたしはふたりの日本人男性から誘われた。「はじめまして《ナイス・トゥー・ミート・ユー》」と言って、手を差しだす。わたしがその気がないジェスチャーをすると、ふたりとも「お邪魔しました」と頭を下げ、「楽しんで！」と言って、礼儀正しく立ち去った。

さて、ティンダーに話を戻すと、初歩的な日本語にもかかわらず、わたしはついに最初のデートをすることになった。相手の名前はヒロ。まじめで優しそうで、しかも育ちが良さそうな顔立ちだ。わたしたちは新宿にある小さなイタリアン・レストランで会った。食事中、お互いに何度もスマホのアプリで翻訳された文章を見せながら会話をし、その結果、さらに話がかみ合わなくなることもあった。そんな散々なデートだったにもかかわらず、わたしたちはまた会うことになり、そして、友だちになった。

こんなふうに、ティンダーでマッチングして出会った相手の何人かとは友だちになり、5年たった今でも、付き合いが続いている。日本に来てから、出会った人はたくさんいる。日本語学校や仕事先で出会った、あるいは友だちに紹介されたなど。でも、長く付き合える友人は決して多くない。日本を離れ、別の国に行ってしまったり、インドネシアやベトナム、アメリカなど母国に帰ってしまったりする友だちも多いからだ。これまで何人に「さようなら」と言ったことか。でも、あるときから別れの数を数えるのはやめた。

ヒロと初デートを経験してから、わたしはティンダーでマッチした相手とカフェやレストランで会うようになった。でも、同じ相手と2回目のデートをすることはほとんどなかった。当然だ。5歳児なみのボキャブラリーの持ち主と化学反応《ケミストリー》が起きるはずもない……。それでも、わたしの拙《つたな》い日本語に辛抱強く付き合ってくれた彼らのおかげで、数カ月もたつと、わたしの日本語は飛躍的に上達した。マッチングアプリを通して、出身地や職業や育った環境が異なる男たちと知り合ったことが役に立った。外国語は同じ相手とばかり話していてはいけないと言われるが、まさにわたしはそれを忠実に実践していたことになる。

その頃、わたしはデートに出かけ、バイトに行き、日本語を集中的に学び、すぐに使ってみるという生活を続けていた。つまり、日本語で男の人と会話し、日本語で働いて、日本語のテレビドラマを見る。そして、ティンダーで日本語の教科書に絶対にのっていない俗語を学んだ。

そうこうしているうちに、縦社会で決まり事が多い、複雑な日本の人間関係が少しずつ見えてきた。日本人のさまざまな愛情表現も知った。

男であるとはどういうことか？　日本では男らしさの定義は複雑で、しかも変わりやすい。いっぽう、女であるとはどういうことか？　そして、日本の社会は何を女性に求めているのか？　そんなこともなんとなく理解できるようになった。

それにしても、女性を評価するための語彙がなんと豊富なことか。女性の話し方や愛し方、ひいては生き方そのものまでが評価の対象になっている。

さらに、日本における結婚の現実、〝婚活〟〝恋活〟サービスがいかに儲《もう》かるビジネスであるかも知った。良い妻になるための学校もある。また、離婚と浮気調査専門の探偵事務所もある。不倫の証拠を捏造《ねつぞう》してくれることもあるらしい。そして、日本人のセックスライフと独創性に富む風俗ビジネス。日本では、〝無料案内所〟という看板が堂々と街中に掲げられ、訪れる人々に風俗店を紹介する。

知る人ぞ知る地下ネットワークでは、想像を超えた官能の世界が繰りひろげられているという……。

ティンダーのプロフィールを見るたびに、日本という社会への新しい扉が1つずつ開かれるようだった。プロフィールはどれも短いものだが、それでも、登録者がどのように自らを描き、また、相手に何を求めているかがうかがえる。「犬顔」もしくく「タヌキ顔」の女性を求める男たちは、自らを「塩顔」「ソース顔」、あるいは「しょうゆ顔」だと称している。または、元号を使う男性もいる。「昭和顔」「平成顔」というように。「S」と「M」は性的嗜好《しこう》ではなく、性格について使われる。男性は身長、体重、体型まで公表している。ちなみに、体型は「ゴリラ」「マッチョ」「細マッチョ」の3つに分類される。そして、忘れてはいけないのが血液型。ある人々にとって血液型は絶対外せない最重要アイテムだ。また、自分のパーソナリティーや相手に求めるものが暗号化されて表現されていることがある。「X1」とあったら、離婚経験者（ただし、1回だけ）。「P活」となっていたら、経済的支援をするかわりに若い女性との関係を求めているオジサンたちのことを指す。

わたしは他のマッチングアプリを使っている友人たちと定期的に情報交換をするようになった。ティンダーは登録者が多いので、感じのいい男の子に出会うチャンスが多い。中には真剣に交際相手（彼らの条件に合った女子）を探している男子もいる。Ｂｕｍｂｌｅ（バンブル）は外国人男性と外国語を話す日本人男性の登録が多い。Ｐａｉｒｓ（ペアーズ）は日本のアプリで、真面目な恋活アプリと見なされている。Ｏｍｉａｉ（オミアイ）はその名のとおり、結婚を目指した婚活アプリ。ペアーズとオミアイでは年齢や居住地だけでなく、年収や子どもが欲しいか、結婚したいか、その場合はいつしたいか、という条件でプロフィールを検索することができる。

というわけで、どのアプリを使っているか言ってみたまえ。あなたが何者か当ててみせよう……！

デートのテクニック
L'art du dating

タクヤはわたしが
ひと目で恋に落ちた超イケメン。
でも最初のデートの夜に
カレーが食べたいと言ったら、
きっぱり断られた。
「それじゃ、デートらしくないから」
だって。

この国には「デート術」なるものがあるのでは？

アプリを使いはじめてすぐに、わたしはそう感じた。実際、友人のサラから一冊のガイドブックをもらった。どこで何をするかではなく、予算別に分かれたデートスポットガイドだ。気配りのできる男性なら、アプリでマッチングして、デートするとなると、たいてい綿密な計画を立てている。そういうわけで、わたしは展覧会に行ったり、陶芸の体験教室に行ったり、ボルダリングをしたり、野球観戦をしたり、バッティングセンターに行ったりした。ゲームセンターで何時間も過ごしたこともある。ゲームに興じたり、プリクラをしたり、クレーンゲームでぬいぐるみを獲得するまで粘ったこともある。東京タワーとスカイツリーにも上った。他にもいろいろな誘いを受けた。たとえば、トランポリン、アウトドアパークの〈フォレストアドベンチャー〉、あるいは近場の川でのカヤックなど。

ただし、いきなりドライブデートを提案された場合は断った。初対面の男性と車内で過ごすのはさすがに危険に思われたからだ。カラオケもそう。薄暗い個室でふたりだけになると、防犯カメラがあったとしても不必要に接近してくるかもしれない。実際、初回のデートでカラオケに行き、突然、抱きつかれたことがある。その経験からわたしは学んだ。車内やカラオケボックスのように、ふたりきりになることを承諾するのは、いわゆる同意のサインだと思いこむ男たちがいることを。

それでも、セイジとの初めてのデートはカラオケボックスだった。セイジはイケメンで陽気で、よく笑う男子で、共通の友人を通して知り合った。わたしに歌唱力があるところを示したかったのか、それほどうまくないと言いながら、演歌を歌いだした。演歌とは、日本で歌われる感傷的なバラードといったところ。そのあと、セイジに「どうしても」と言われて、わたしはしかたなく、デンモクで最初に出てきたフランス語の曲、《バラ色の人生《ラ・ヴィ・アン・ローズ》》を歌った。もちろん、セイジはほめてくれたけれど、それが形ばかりなのは明らかで、わたしはもう二度と人前で歌わないと固く心に誓った。

この話をセイナにしたところ、彼女はひとりでカラオケボックスに行くことがあると打ち明けてくれた。そうやって、デートのときや同僚の前で恥をかかないように、ひとりで練習するという。セイナは会社勤めのいわゆるＯＬで、アプリを通して知り合った。わたしと同い年で中野《なかの》に住んでいる。初めて会ったとき、満面に笑みをたたえたこのエレガントな女子は、唐突に、わたしとふたりで写っている写真を（その当時付き合っていた）ボーイフレンドに送ってもいいかと訊いてきた。というのは、セイナもボーイフレンドも、わたしのプロフィールは偽りで、約束の場所には男が現れるにちがいないと思っていたという。それを聞いてわたしは笑った。つられるように、セイナも笑った。その日、わたしたちは味付けに醬油《しょうゆ》を使うイタリアン・レストランで食事をした。海苔《のり》巻きカマンベールのソテーはとても美味《おい》しかった。

初めてのデートにどんなレストランを選ぶか、これは男性にとってかなり重要なポイントらしい。わたしの経験では、イタリアンを提案されることが圧倒的に多かった。実際、東京にはいたるところにイタリアン・レストランがある。確かに、食堂でカレーやラーメンを食べるよりずっとロマンティックだ。フランス料理とスペイン料理もそれなりのオーラを放っている。

タクヤはわたしがひと目で恋に落ちた超イケメンだが、最初のデートの夜にカレーが食べたいと言ったら、きっぱり断られた。「それじゃ、デートらしくないから」と。でも、カレーじゃないディナーは美味しくもなければ楽しくもなく、わたしの恋はそこで終わった。

DJのケントは山形出身で、わたしは彼と花火を見に行った。わたしたちは手をつないで、夜空に広がる光のファンタジーに見とれた。花火が終わると、今度は食べるところを探すことになった。歩道にプラスチックのテーブルが雑然と並べられている居酒屋が見えた。まだ開いている店はその居酒屋ぐらいだった。ケントはすっかり途方に暮れている。わたしはもうお腹《なか》がペコペコだったので、

「あそこで何か軽く食べていかない？」と言うと、ケントはホッとした表情を見せた。

「あんまりロマンティックじゃないから、どうしようかと思って……」

ケントに夢中だったわたしは、ガタつく椅子に座って焼き魚を食べることなど気にもならなかった。その夜、ほかに何を注文したのか覚えていない。思い出せるのはあの夜のむし暑さと湿って温かかったケントの手の感触と、それから、まだ花火の火薬の匂いが漂っていた周囲の熱い空気だけだ。

デートの食事で、今でも忘れられないものがいくつかある。たとえば、ある夜、何の説明もなく食べさせられた白子。馬刺しに挑戦させられたこともある。シュンからは焼いた魚の目玉を勧められた。「これ、身体に良いんだぜ」と言いながら、シュンはうれしそうに目玉を口の中に放りこんだ。

シュンは強引な男だった。肉は好きじゃない、食べられないと繰り返し伝えていたのに、あるとき、焼肉屋に連れていかれた。「良い肉なら、食べられるって!」そう言って、わたしの住んでいる界隈《かいわい》の焼肉レストランに行った。テーブルに着くと、シュンはすでに2人分の注文を済ませていた。これから悪夢のような夜が始まるのだと思った。でも、わたしのせいじゃない。そう自分に言いきかせた。焼肉レストランでは生肉が次々とテーブルに運ばれてくる。みそ汁とブロッコリーの小房以外はひたすら肉、肉、肉……。永遠に終わらない肉の舞曲《ファランドール》のように。でも、シュンは傷ついた様子もなく、また、ガッカリしたようにも見えず、2人分の肉を平らげたのだった。

デートでどんなレストランに行くか、わたし自身はあまりこだわるほうではないが、それでも、何が食べたいか事前に訊いてくる男性のほうが好感を持てる。また、たとえファストフードの店だろうと、デートの相手がそこで心に残る楽しいひとときを過ごせると自信を持っているようなら、わたしは喜んで行くだろう。でも、レストランの選択とデートの段取りには、相手の意図が嫌でも反映されるということに、わたしもようやく気がついた。

あのナオキという建築家とランチをする前にそのことに気づくべきだったのだ。

彼はすらりと背が高く、細身のパンツに黒のタートルセーターを身に着けていた。わたしたちは新宿で待ち合わせた。それから、ナオキに連れられて、思い出横丁に行った。レトロな雰囲気が残る小さな路地で、道の両側に小さな店が肩を寄せ合うように並んでいる。無造作に積まれたビールケースに、藍ののれんと赤ちょうちん……。外国人観光客によく知られたスポットだ。

わたしは狭い通りをナオキの後ろにくっついて歩いた。モダンアートの愛好家で、少しフランス語を話す、知的な雰囲気を漂わせているこの男性が、どんなところに連れていってくれるのか、わたしはワクワクしていた。

突然、ナオキが足を止めた。「何がいい？」わたしは驚いて、まわりを見まわした。目の前にカウンターがあり、その向こうで、腕を組んだ年配の男が、にらむように、わたしを見ている。席数は5つ。サラリーマン風の男がひとり、ラーメンをすすっている。そのすぐ後ろを通行人が通りすぎていく。写真を撮っている人々やお腹をすかせて店を探している人々の間を縫うように。通りと客を仕切るガラスはない。

ナオキはその店の「特製」ラーメンを2つ注文した。すると、あっという間にその特製ラーメンがわたしたちの前に置かれた。店主はあいかわらずわたしから目を離そうとしない。それをなんとか忘れようとしながら、わたしはどんぶりの半分まで食べた。居心地の悪いカウンターチェアに座り、つねに誰かが行ったり来たりしているのを背中で感じながら。

10分もたたないうちに、わたしたちは店を出て、思い出横丁をあとにした。わたしはちょっと気持ちを落ち着かせるために、カフェに行きたいとナオキに言った。彼はしかたなさそうに、うなずいた。1時間カフェで過ごして、わたしたちは別れ、その後二度と会うことはなかった。

ティンダーのプロフィールでもデートの会話でも、食べ物はもっとも好まれる話題のひとつだ。プロフィールに顔は出さず、料理の写真しかのせていない人もいる。ハンバーガーの写真をのせている男子がいたとしたら、わたしは右と左、どちらにスワイプするだろう?

確かに食べ物の話をするのは人間関係を築くためのひとつの方法ではある。日本には食を中心とした旅行ガイドが山ほどある。地方料理に特化したテレビ番組も。デートのときに、相手にどんな食べ物が好きか尋ねるのは、次のデートに誘う口実になるだろう。

ティンダーのプロフィールの中には、「食べることと飲むことが好きです」と宣言している人がとても多い。「食べ歩きが好きです」というのもある。食べ歩き、つまり、歩きながら食べるという意味だが、これには笑ってしまう。この国ではそんな行為はお行儀が悪いとされているし、そもそも通りにごみ箱が少ないのだから。そして、唯一の興味の対象としてビールとサッカーをあげている男たちのなんと多いことか（あまりキャッチーとは思えないけれど）。

やがて、わたしはある特定の地域に共通したタイプを区別できるようになった。古着をまとって、ちょっとエキセントリックな雰囲気を漂わせていたら下北沢《しもきたざわ》の住人、ミニマリストで流行《はや》りの恰好《かっこう》をしているのは中目黒《なかめぐろ》に住んでいる人々だ。同じように、わたしも住んでいる場所や行きつけのエリアに応じて選別されていたのだろう。

でも、わたしはいたってシンプルだった。このだだっ広い東京で自分の住んでいるエリアから遠く離れたところに住んでいないこと。それだけを基準に相手を選んだ。

遠距離恋愛は嫌だったから。

僕の彼女はフランス人

D'où viens-tu?

トシにとってわたしは研究対象。
どうすれば、
「フランス人のわたし」ではなく、
ただの「わたし」を
愛してもらえるの？

居酒屋でバイトをしながら、わたしは日本社会の決まり事を学んでいた。そうした決まり事に慣れてくると、日本の別の顔が見えてくる。わたしは飲み会でやって来る同僚のグループやカップルを観察するのが好きだった。彼は彼女のためにドアを支えてあげる？　彼女よりも先に店に入ってくる？　彼女をいちばん良い席に座らせるか、それとも自分が座る？　こんなふうに、カップルの挙動をこっそり観察するのがとても面白かった。

居酒屋はお酒を飲む場所に過ぎないが、それでもちゃんとしたルールがある。「グループの中でいちばん偉い人から給仕すること！　料理には前と後ろがあるから、正しい位置に置くこと！」では、揚げ物のお皿はどう置けばいいのだ？　それに、グループでいちばん偉い人をどう見わければいいのだろう？「いちばん良い場所に座っている人だよ」そうバイト仲間のひとりが教えてくれた。「壁を背にして、必ず入口に面した席、そして、入口からいちばん離れている席だよ」と。

こんな具合に、何もかも暗号化されているので、わたしには見当もつかなかった。日本語学校の先生から、日本人は考えすぎると言われていたが、その理由がわかるような気がした。その点、わたしは何度もミスをしたが、幸いにも、外国人だからということで、いつも大目に見てもらえた。

わたしは夢を見させてくれる男を探していた。一緒にいて学びがあって、感動もある、そんな男……。「それがトシだったら?」と思ったこともある。ティンダーのプロフィールで、トシはスーツ姿で写っていた。ちょっとすねたような表情で、髪の毛の一部が逆立っている。トシは国家公務員で、わたしより3歳年上だった。スポーツマンで、料理ができて、マンションの部屋の家具は全部自分で作ったという。気配りができて、しかも辛抱強い。

「日本語を勉強するために日本に来て、ひとりで頑張っている君が誇らしい」何度そう言われたことだろう。

フランスではバレンタインデーに男性が恋人にバラを贈ると知って、トシもわたしにバラの花束を贈ってくれた。それをきっかけに、トシはわたしをもっと理解したいからと、「フランス人」についていろいろと調べるようになった。

それからは何かというと、すぐに調べる。おそらく、無意識に、かつ機械的に……。やがて、フランス人に関する固定観念に基づいてわたしに接するようになった。でも、わたしは典型的な「フランス人」じゃない。日本での経験がわたしを変えた。そう言いたかった。日本とフランスという2つの異なる文化から最良のものを吸収することで、もっと成長したいと考えていたからだ。

実際、わたしは変わった。今では犬用のバギー（トシからのプレゼント）にエドガーを乗せて散歩させるし、美味しいと評判のラーメンを食べるためなら文句も言わずに1時間並ぶ。ときどき、電話でお礼を言いながら、頭を下げている自分に気がついて、驚くこともある。そして、日本での滞在がもたらしたそうした変化を、わたしは喜んで受け入れていた。

トシは思いやりがあって気が利く恋人だった。でも、わたしは次第に、彼のほめ言葉の中に別の意図が隠されているのではないかと疑うようになった。そう、日本人の本音と建前というやつを。相手に不快な感情を与えない、穏やかで感じの良い建前の言葉にすでに慣れてはいたけれど、やはり、本音で話してくれる男が欲しかった。トシにとってわたしは研究対象。もはや、ひとりの女性ではなく、フランス人女性、ザ・フレンチ・ウーマンになっているのではないか？

そう説明したくても、言葉の壁が立ちはだかる。日本語で話していると、自分でも何を言っているのかわからなくなってしまう。あいまいで稚拙で、言いたいことが言えない。こんな関係はちっとも楽しくないし、気持ちも続かない。どうすれば、フランス人のわたしではなく、ただのわたしを愛してもらえるのだろう？

会えば必ず、わたしが外国人であることが話題になるのは疲れるが、それでも、デートのときにフランスのブランド物を着てきたり、フランス文化に興味を示したりする相手にはやはり好感が持てた。そういう男子たちとはデートの間ずっと、日本とフランスの文化の違いについて面白おかしく語り合ったこともあるし、そこから新しいことを学んだりもした。

とはいえ、お茶しようと誘われて会ったものの、サイクリングとツール・ド・フランスの話を延々と1時間も聞かされたときにはさすがに閉口した。甘いマスクでスポーツマンタイプ、良い感じの男子だったけれど、だんだん退屈で、話を聞いていられなくなった。話題を変えようとする試みはことごとく失敗に終わり……。ティンダーのプロフィールによれば、彼は自転車とフランス文化が大好きで、彼女になってくれた女性には自転車をプレゼントするとのこと。なるほど、「彼女になって自転車をゲットしよう!」というわけだ。その点では、彼のプロフィールは確かに、目立っていた。

日本人男性の中には、外国人女性と付き合うことを異文化体験と見なす男たちもいる。たとえば、ある年末のこと。忘年会のために店にやって来た30代(と思われる)数人のグループから、酔った勢いも手伝って、フランス人の性生活について あれこれ訊かれたことがある。彼らの中には外国人女性と話したことがないと言う男性もいた。ちなみに、日本在住の外国人は日本の人口の3%弱で、そのほとんどがアジア出身だ。付き合った相手からびっくりするようなコメントを聞くこともある。「こんな大きなバストは初めてだ」とか「ピンク色の乳首！」とか「僕はガイジン好み。だってあそこの毛を剃《そ》っているから」とか……。そして、それが高じると、「僕たち日本人のものはフランス人より小さくてごめんね」となる。

このように、わたしも友人たちも日本人男性が外国人女性に対して抱いている偏見のせいで不愉快な思いを味わった経験ならいくらでもある。

いっぽう、〝ガイジン・ハンター〟と呼ばれる外国人女性専門の男たちもいる。その理由は、「(外国人女性とは）どんなものか知るために」、あるいは、「海外で暮らしたから、もう日本人は好きになれない」などなど。あるプロスポーツ選手とデートしたとき、彼は外国人の彼女を探していると打ち明けてくれた。それなのに、ロシアンパブに通っているというのだ。「彼女が欲しい」と言いながら「ホステスバーに通う」という矛盾に気づかない、能天気な彼の態度にわたしは衝撃を受けたのだが、本格的に付き合う前に相手に幻滅してよかった。

でも、リョウマとはそういうわけにはいかなかった。すでに付き合いはじめて数カ月もたった頃、彼が今後クライアントになるかもしれない人たちに、「僕の彼女はフランス人です」というメッセージをつけて、わたしたちの写真を送っていたことを知り、がく然としたのだった。

シャイな男たち

Trop réfléchir

なにげないことが
大きな意味を持つこともある。
日本人なら誰でもわかる、
一種の暗号のようなもの。
バレンタインに手作りチョコを
贈るように。
雨の日に一本の傘を
共有するように。

YOU
ARE SO
LOVE
you
ME AND YOU
My Heart
For You
YOU ARE SO SPECIAL TO ME
ME AND YOU
My Heart
For You
YOU ARE SO SPECIAL TO ME

バレンタインデーの前後は、わたしのお気に入りの時期だ。日本では、女性が男性にチョコレートを贈る。何週間も前から、スーパーマーケットと100円ショップにはハート形のボックスが山積みされ、13日の夜になると、どの店のチョコレートコーナーも空になる。そして、14日のバレンタインデー、チョコレートは密かなメッセンジャーとなる。片想《かたおも》いの相手には手作りのチョコレートを贈る。これが〝本命チョコ〟。友だちには〝友チョコ〟を贈り、職場の同僚や普段お世話になっている人たちには、安く買える〝義理チョコ〟を配る。最近では、自分のためのチョコレートを買う〝自分チョコ〟のキャンペーンが行われている。また、社員に不要な出費と精神的な負担を強いる義理チョコを禁止する会社も現れた。

バレンタインデーに新たなビジネスチャンスを見いだそうとしている意外な業種もある。あるスーパーマーケットで、「チョコレートやスイーツが苦手な男性だっている」というポスターを見かけた。そのキャッチコピーの下にハート形の紅白かまぼこの写真があった。そこで、わたしは親友ガブリエルのために一箱買った。ガブリエルは10年以上、日本に住んでいる。破格の待遇である仕事をオファーされ、来日したという。195センチの長身と緑色の瞳のガブリエルはどこにいても人の目を引く。

わたしはかまぼこ、フランスで言うところの〝スリミ〟をギフト用の袋に入れて、赤いリボンで飾った。ガブリエルは袋の中身を取りだして、大笑いした。

「かまぼこじゃないか！　いつもらってもうれしいよ！」

1カ月もたつと、今度はホワイトデーがやって来る。これはお菓子の業界が仕掛けたことから定着したもので、バレンタインデーにチョコレートをもらった男性がお返しをすることになっている。プレゼントは白いもので、もらったチョコレートの3倍の値段が良いと言う人もいる。ある年、セイナから食べるのを手伝ってほしいと連絡があった。同僚全員にチョコレートを贈ったセイナは、そのお返しにお菓子やキャンディーを山ほど受けとったのだ。

バレンタインデーからホワイトデーまでの1カ月は、本命の返事を待っている人にとってはとても長く感じられるにちがいない。それにしても、チョコレートの力を借りて想いを打ち明けるなんて、日本の女の子たちはとても勇気がある。

日本人はよく、内気だと言われるけれど、本当にそうだろうか？日本語学校の先生やわたしの友人や仲間たちはこう繰り返す。日本人は考えすぎる傾向があるのだと。確かに、複雑で繊細な日本語はその証《あかし》かもしれない。また、想定外の事態に遭遇《そうぐう》したときの日本人の反応や行動もわかりにくいことがある。

なにげない仕草や行為が重大な意味を持つこともある。特定のメッセージを持つ行為があり、日本人なら誰でもその意味がわかる。つまり、一種の暗号のようなもの。たとえば、バレンタインデーに手作りのチョコレートを贈るように。あるいは、雨の日に1本の傘を共有するように。このなんでもない行為は相合傘と呼ばれ、一歩相手に近づいたという意味になる。

マサと映画を見に行ったときのことだ。マサは調理師だったが、あとから聞いた話によると、かつて福岡一帯を治めたさる大名家の子孫ということだった。さて、その日、映画館を出たら雨が降っていた。傘を持っていないとマサが言うので、わたしは自分の傘を開いて、マサにも入るように言った。わたしたちが会うのは、その日が2回目だったが、マサは驚いた顔で、あとずさりしながら言った。「え、いいの？　だって、それ、相合傘だよ！」

似たような例では、〝間接キス〟がある。同じストローから飲むこと、同じボトルの飲み口から飲むこと。つまり、相手が唇をつけたところに自分の唇をつけることを指す。そこで、わたしはこれを利用して、デートの相手をテストするようになった。「これ、飲んでみる？」そう言うと、ストローを抜いてグラスから飲む男たちもいれば、もちろん、すぐさまストローに吸いつく男たちもいる。

「まったく飲めない女性とは付き合えないだろうな」

45歳の同僚ヤマモトさん（妻子あり）から言われたことがある。わたしはお酒を飲まない。それが大人として致命的な欠陥だと思ったこともない。わたしは逆にヤマモトさんに訊いた。「毎日、飲むんですか？　ひとりで？」
すると、毎晩、家に帰ると、必ずビールを飲んでいると認めた。「リラックスするために」

地下鉄の吊《つ》り広告もテレビコマーシャルも、一日中働いたごほうびに、または気分転換に一杯飲もうというコンセプトのもとに展開されている。そうした宣伝に登場するのは、ひとりで飲んでいる女性たちだ。居酒屋は男だけが行くところじゃない。あなたたち女性も気軽にひとりで居酒屋に行って、思う存分ビールを飲んで、美味しく食べよう……と提案しているようだ。

アルコールはどこにでもある。実際、コンビニ（ほぼ24時間営業）でいつでも買うことができる。おまけに、「酔っ払わない」ことを保証するかのような小瓶まである。そういえば、夏になると、日本気象協会は暑さの度合いを「ビール指数」で発表する。ちなみに、富士山の山頂では、6時間の登山のあとに、「インスタントラーメンはいかがですか？」と勧められる。缶ビールとともに。

「お酒、飲める?」「アルコール好き?」「お酒、強い?」以上は、初めてのデートの前に男たちが訊いてくる3大質問だ。

「飲めるっていうのはすごく大事」とセイナが教えてくれた。アルコールは相手を誘うプロセスのひとつなのだと。お酒を飲む人、飲める人は社交的で、楽しい人だと見てもらえる。また、日本に限らず、どこでもそうだけれど、お酒は素面《しらふ》ではできないことをやってしまったときの言い訳にもなる。たとえば、酔った勢いでセックスをしてしまったときとか……。一部の女性たちは、飲んでいる途中で席を立ち、頬骨と胸元に頬紅をつけるという。実際より酔って見せるためのテクニックだそうだ。だからといって、あざといと言えるだろうか? 恋多き女に日本の社会は厳しい目を向ける。だから、彼女たちは「酔っ払っていたから」という口実をうまく利用しているだけなのだ。

　バイト先の居酒屋で、わたしは毎晩、似たような光景に遭遇した。2時間〝飲み放題〟にやって来るグループのメンバーの中には、飲みすぎて正体をなくし、仲間たちに肩を担がれて店を出る人もいる。ある夜、スーツ姿の女性がガラスドアに突進して、そのまま床にあお向けに倒れた。酔ってすっかりご機嫌の同僚たちの目の前で……。でも、翌日、彼らは何事もなかったかのように、会社に行き、仕事をするのだろう。

求職のための履歴書に好きなお酒の種類を書く人もいるという。日本では、〝飲みニケーション〟という言葉をよく耳にする。「飲む」と「コミュニケーション」を掛け合わせた造語だ。仕事帰りには、泥酔して路上で眠っているサラリーマンたちの姿をたびたび目にした。彼らのスマホとカバンが地面に転がっている。でも、これが日本では少しも珍しくない光景なのだ。

では、そのお酒がデートのときに役に立ったかというと、決してそんなことはない。その典型的なケースがケイスケだ。

ケイスケは輸入会社の社長。190センチの長身に眉間《みけん》のしわのせいで、多くの社員から怖がられていると言っていた。当時、ケイスケは36歳。裕福な家庭に生まれ、アメリカにも留学経験あり。おまけに、スポーツマンでカリスマ性があって、結婚相手として申し分がない。どうしてずっと独身でいるのかわからない。周囲からそう言われていたという。ケイスケ曰《いわ》く、仕事が忙しくて、彼女を見つける時間がないということだった。それでも、話し相手が欲しい。たまたま時間が空いたとき、急に誘っても付き合ってくれるような人が欲しいと言っていた。

そういうわけで、その夏、わたしは何度かケイスケに付き合って、話を聞いた。そのほとんどが仕事の話だった。ケイスケが白いポルシェで迎えに来る。それから、カフェに行って閉店まで一緒に過ごす。代官山《だいかんやま》のスターバックスのテラス席で、熱帯夜からコオロギの音色へと季節が変わるのを感じながら……。ケイスケはいつも車なので、デートのときにお酒を飲むことはなかった。

ある夜、ケイスケからディナーに招待され、わたしは新宿のレストランに行った。そこで初めて、ケイスケが酔っ払う姿を見た。そして、帰りのタクシーの中で、いきなりケイスケに抱きしめられた。その瞬間、わたしは理解した。いかにも自信にあふれたこの男性が、実は、女性に対してはとてもシャイだということを。

9月のある日のこと。ケイスケは仕事を休み、わたしと箱根《はこね》に向かった。わたしは車内で早々に、これからロマンティックなデートが始まるのだと想像した。ふたりで手をつなぎ、箱根山の山頂まで行って、そこで、ついにケイスケから告白されるのでは……? ところが、残念ながら、そうはならなかった。ケイスケはアルコールの力を借りないと、肉体的な接触はできないようだった。

それから数カ月たったある夜、ケイスケから今夜はこのまま一緒にいたいと言われ、わたしは承諾した。ホテルに向かっているとき、彼が、明らかに緊張した面持ちで、「外国人女性とは初めてで……」と言った。その頃、わたしはまだケイスケに惹《ひ》かれていたので、そんな言葉も気に留めなかった。彼は事前にシャンパンを買っていた。そして、皮肉にも、その大切な助《すけ》っ人《と》のせいで、わたしたちの最初で最後の夜は悲劇に終わった。

ハヤトは、何回かデートをした相手だが、デートの最後はいつも酔っ払っていた。初めのうちは熱心に口説いてくるのだが、そのうちに呂律《ろれつ》が回らず、目の焦点も定まらなくなり、圧倒的なオーラも消えてなくなる。そこで、3回目か4回目のデートのときに、わたしはハヤトに頼んだ。せめてわたしといるとき、飲まないでほしいと。すると、ハヤトはこう答えた。「君と一緒にいると、リラックスしたくなるんだよ」どんな時間に会っても、ハヤトはいつの間にかグラスを手にしていた。

日本では、あらゆる機会をとらえて乾杯しようとする。ピクニックもお花見も花火大会も例外ではなく、まずコンビニで飲み物を調達することから始まるぐらいだ。水族館に行けば、オーシャンブルーのカクテルが待っている。遊園地だって負けていない。ディズニーシーに行ってみよう。ビールが待っている！

それを教えてくれたのはマサ。彼はバイト先の居酒屋の向かいにあるレストランで調理師として働いていた。ときどき、自分で作ったまかない料理を持ってきてくれた。そんな状態が数カ月続いたが、ある日、ついにマサはわたしの

ＬＩＮＥの連絡先を尋ねてきた。それからさらに数カ月後、マサからデートを申しこまれた。彼は決してわたしと目を合わせようとはしなかったけれど、とにかくカッコよかった。

ある秋の日、マサに誘われて、ディズニーシーに行った。仕事で忙しいにもかかわらず（休みは週１日だけ。しかも、彼は自宅に冷蔵庫がないからほとんど店で過ごしている）、デートの前日にわざわざ浦安《うらやす》まで行って、チケットを確保してくれたのだ。わたしももちろん、カップルとしての初めてのデートに胸を弾ませた。

ところが、ディズニーシーに到着しても、マサはあいかわらずシャイなままだ。デートを楽しんでいるようには見えない。

夕方５時頃、テラスでビールを飲んでいると、突然、彼が言った。「帰ろう」そして、東京に戻る電車の中で、マサはこう切りだした。

「君を新宿に送ってから、俺は阿佐ヶ谷《あさがや》に行く」

阿佐ヶ谷はマサの住んでいるところではない。

「どうして？」不思議に思って訊いた。

「一杯、飲んで帰る」

「ひとりで？」

「ひとりで」

告白のあとさき

La déclaration

わたしたちは手をつないで、
横浜港をあとにした。
ふたりとも笑顔で、
正式なカップルとして。
でも「君が好きだ」と
言われたとき、
相手の気持ちのレベルを知るには
どうすればいいの？

CLUB

3年間有効の新しいビザを取得した。その頃、わたしは日本語が日々、上手になっていくのを実感した。とはいえ、わたしの日本語の表現には深みや個性がないことも自覚していた。そのため、デートをしても、コーヒーを1杯飲みながら、ありふれた会話で終わることがほとんどだった。同時に、日本人男性はユーモアに欠け、率直ではなく、情熱が足りないことに不満を抱いていた。そういう状況で相手との関係が続くはずもなく、またわたしも続かせる努力をしなかった。出会いを求めて日本に来たわけではなかったけれど、なんとなくなりゆきに任せて、次々と違う相手とデートをする日々を送っていた。

そんなある日、ついにわたしは〝告白〟されたのである。告白とは相手に気持ちを打ち明け、正式に彼または彼女になってほしいと頼むこと。すべてはそこから始まるのだ。

YouTubeで中高生の男女が告白するビデオをいくつか見たことがある。全校生徒が集まっている前で、勇気ある男子もしくは女子が、「好きです！」と叫び、腰を直角に折って、相手に手を差しだす。相手がその手を握ったとき、歓声がわき上がる。ひとりの女の子の前に、男の子が2人、ときには3人、同時にひざまずいて、手を差しだすこともある。こうなると、女の子は選択に困ることになる。日本では、告白はまさに習慣なのだ。中学生に限らず、大人同士でも告白されるのを待っている。それが真剣に付き合うという保証だからだ。

それはDJのケントとの3回目のデートのときだった。バンドのTシャツにヴィンテージのライダースジャケットが彼の定番。眼鏡をかけているせいで、まじめな青年という印象を与える。彼が口角を少しだけ上げて笑うたびに、わたしの胸は高鳴った。ケントにはどこかしら、パリジャンの雰囲気が漂っているのだ。

夏の夜、わたしたちは横浜のピッツェリアで食事をしていた。その前のデートで、わたしたちは別れ際にキスしたのだが、その話をすると、「ちょっと待って、段取りが狂っちゃうよ」とケントは不満そうだった。食事を済ませると、わたしたちは海沿いを散歩した。大さん橋までやって来たとき、「目を閉じて」とケントが言った。そして、大さん橋の真ん中あたりまで来たとき、ケントに言われて、目を開けた。すると、目の前に夜空に輝く横浜港が目の前に広がっていた。

高層ビルの煌々《こうこう》とした窓明かりと大観覧車コスモクロック21の極彩色が水面に反射している。穏やかな潮風が吹いていた。何物にもかえがたい、これまで経験したことのない瞬間だった。そして、こみ上げてくるものを抑えるような声で、ついにケントが告白をした。それは長い告白だった。

わたしは天にも昇るような気持ちだった。と同時に、日本語の愛情表現について、初めてフラストレーションを感じた。それまで、知識として、日本では一般的に「好き」という言葉が使われることは知っていた。また、さらに強い気持ちを表現したいときは、「大好き」が使われる場合もあるということも頭に入っていた。どちらも愛情を表現する言葉だが、では、「君が好きだ」と言われたとき、相手の気持ちのレベルを知るにはどうすればいいのだろう？　それは「好き」でとどまっているのか、「大好き」まではいかないのか？　突然、そんな疑問がわいたのだが、でも、気持ちがあることは間違いないので、わたしはもちろん、承諾した。

わたしたちは手をつないで、横浜港をあとにした。ふたりとも笑顔で、正式なカップルとして。

それから数カ月後、わたしは最初の破局を経験することになる。わたしたちの間には早くもすきま風が吹きはじめた。それでも、ケントは一緒にいたいと言ってくれた。そのために努力したいとも。それにもかかわらず、ケントはフェイドアウトするように、いつの間にか、わたしの前から姿を消した。初めてのことに動揺し、悲しくて、わたしは複数の友だちに相談した。

セイナが首を振りながら言った。「いかにも日本の男がやりそう。そうやって少しずつ距離を取っていくの。やがて、完全に姿をくらます。別れを切りだしてもめるより、そのほうが苦痛が少ないと考えてるからね」

苦痛が少ない？　とんでもない。この計画的なフェイドアウトは拷問以外の何物でもなかった。わたしは深く傷つき、しばらく立ち直ることができなかった。

それにしても、確かに存在していた相手が無に帰するように姿を消した。それはある意味で見事なぐらいだった。まさに神ワザ。

初めてラブホテルに行ったのは、
セイジとの5回目のデートのとき。
でも、
想定していたようなことは
何も起こらなかった——

ラブホテル

Au love hotel

Hisamitsu
サロンパス
DHC
IKEA
プロ野球結果　西武が４－２
STARBUCKS COFFEE
DMM

「フランスにはラブホテルがないの？　じゃあ、どこでするの？」

デートの相手はたいてい、驚く。そのたびにわたしはプッと吹きだしてしまう。そしてこう言う。「自宅、かな？」

日本では、カップルが自宅から目と鼻の先にあるラブホテルに移動してセックスするということもよくある。そのぐらい、ラブホテルは日常の風景に溶けこんでいる。ラブホテル専用の絵文字もあるぐらいだ。利用料金は宿泊やフリータイム、〝休憩〟に分かれて設定されている。ホテルといっても予約の必要はない。洗面用具を持っていなくても大丈夫。歯ブラシから基礎化粧品、コンタクトレンズ用品にいたるまで、宿泊に必要なものはすべてそろっている。さらに、バスルームには6種類のボディシャンプーにシャンプー&リンスが備わっている。しかも、必ず無香料のものが含まれている。寄り道をした痕跡を残したくない利用客のために……。

ラブホテル内のインテリアはどこも例外なく、キッチュだ。人工大理石にシャンデリア、そして石膏《せっこう》の天使像……。ホテルに入ると、ロビーにある部屋パネルで部屋を選ぶ。選んだ部屋の写真が暗くなったら、受付で鍵を受けとる。受付には、多くの場合、誰もいない。実際はカーテンの後ろに人がいて、部屋の鍵を渡してくれるのだが、利用者には手しか見えない。ほぼ完全な無人の世界だ。

初めてラブホテルに行ったのは、セイジと5回目のデートのときだ。でも、想定していたようなことは何も起こらなかった。セイジはとてもハンサムで、周囲の人たちの心をほぐす一種の才能があった。そのうえ、愉快で魅力的で気配りができる。これでモテないはずがない。次から次へと相手を変えて楽しんでいるにちがいないと思っていた。

その夜、わたしたちは共通の友人たちとクラブにいた。ダンスフロアで、セイジがわたしの両腕をつかんで、自分の首に回した瞬間、ふたりから笑いが消えた。お互いの瞳をのぞきこむように見つめ合い、それから唇を重ねた。初めてのことだった。周囲のざわめきは消えることもなく、眩《まばゆ》いブルーのネオンサインも見えていたし、音楽も聞こえていたけれど、混雑するクラブの中で、わたしたちだけが大きなバブルの中に入っているような気がした。それからふたりで疲れるまで踊った。実は、その少し前、一緒に行った友人たちから言われていたのだ。「まだラブホテルに行ったことがないって、彼に言ってごらんよ。絶好のチャンスじゃない！」午前3時頃、セイジが場所を変えようと言いだした。

そういうわけで、わたしたちは腕を組んでクラブを出ると、空いている部屋を探すことになった。渋谷では、実に賢明なことに、クラブはラブホテルが集まっているエリアに集中しているのだ。でも、ほとんどが「満室」だった。6軒目のホテルで、ようやく空きがあった。受付で部屋の鍵を受けとり、その2分後に部屋のドアを開けたとき、ふたりとも思わず、「ワァオー！」と声をあげた。部屋がとても広かったのだ。スタンドバーがあって、座面の高いカウンターチェアが並び、テーブルサッカーも置いてあった。わたしたちはバッグをソファの上に放りなげ、さっそく、室内を見てまわった。マイク付きのカラオケマシンがあり、異様に広々としたバスルームにはエアーマットがある。このエアーマットは典型的なソープランドの設備。それにしても、このバスルームだけでもわたしのアパートより広い。

そのあと、セイジがカウンターの中に入って、わたしに何が飲みたいかと訊いた。それから、ホテルに来る途中のコンビニで買ってきたお菓子をカウンターに広げた。そして、わたしたちはイチャイチャすることなどすっかり忘れて、テーブルサッカーに夢中になった。ふたりとも負けず嫌いの性格で、持ち前の競争心に火がついてしまったのだ。

そうやって、時間だけが過ぎていった。カラオケで歌を歌い、ベッドの上でダンスをして、それから、一緒にお風呂に入った……愛し合うこともなく……。そして、とうとう夜が明けた。セイジがあくびをしながら言った。まだ早い、もっと時間をかけようと。一瞬、わたしは耳を疑った。でも、すぐに自分自身に言いきかせた。そうやって、セイジは遊びじゃないということをわたしに伝えているのだと。

でも、その後も何回か一緒にラブホテルに行ったが、やはり、何も起こらなかった。「疲れているから」とか「タイミングが悪い」とか、毎回、セイジがなんらかの理由をつけて拒んだからだ。やがて、セイジはわたしのメールに返事も送ってこなくなった。

それから2年たったある日、突然、セイジがわたしの前に姿を現した。ラデュレのマカロンの箱詰めとフランス語で書かれた手紙（セイジはフランス語が話せないにもかかわらず）を差しだして、もう一度チャンスをくれと言った。あの頃、実はまだ童貞で、それであんなふるまいに及んだのだと。でも、今さらそんなことを言われても手遅れだ。わたしの気持ちはすっかり醒《さ》めてしまったのだから。

日本では、結婚するまで実家で両親と暮らしている若者が結構多い。そのおかげで、わたしは付き合っていたボーイフレンドたちといろいろなラブホテルに行くことができた。

リョウマとは半年付き合ったが、その間、毎週違うラブホテルに行った。そのうちのひとつは、まるでお菓子の家のようだった。チョコレート風呂（もちろん、偽物）に入り、マドレーヌの形をしたベッドで眠った。メリーゴーランドが設置されている部屋もあって、実際に乗って、動かすこともできる。

ある日、リョウマの運転でドライブをしていたときのこと。町田《まちだ》付近にさしかかったところで、高速道路沿いのラブホテルが目に留まった。2頭の巨大な恐竜がホテルの屋上に乗っていたからだ。さっそく行ってみると、オープンしたばかりだという。コンセプトはジュラシック・パーク。確かに、恐竜の化石や骨格標本のレプリカが置かれ、ヤシの木まで生いしげっている。パンフレットにはカラオケやボルダリング、ゲームにシミュレーションゴルフなどの設備が紹介されている。セックスをする場所にしてはアクティビティが多い。そして、通りの向こう側には大型客船の形をした別のラブホテル……。帰りの車の中で、日本国内の奇抜なラブホテルめぐりをしようと言って、ふたりで盛り上がった。昭和の時代に建てられ、今でも残っているラブホテルにはすべり台付きのプールや回転ベッドが備えられているという。いつか行ってみたいものだ。

ニーナと出会ったのも、とあるラブホテルのロビーだった。ニーナは白い大きなソファに座って、連れが部屋の鍵を持ってくるのを待っていた。小柄なブルネットで、真っ赤なリップ。わたしと目が合うと、満面の笑みで「ハロー」と声をかけてきた。わたしはニーナの水色のネイルをほめた。爪の図柄が全部違うのだ。わたしたちはお互いのパートナーを待たせたまま、話を続けた。ニーナにLINEの連絡先を教え、お互いに後ろ髪を引かれるような思いで別れた。そして、2日後、わたしたちはスターバックスで再会した。ニーナはわたしが来日する数年前から日本で暮らしている。大学で日本語を学んだあと、大阪で1年間働いた。今は、昼間は広報の仕事をし、夜は一般には知られていない隠れ家的なバーを探訪したり、日本のグループのコンサートに行ったりしているという。飽くなき好奇心の持ち主で、この街の謎を発掘する今世紀の冒険家になりたいと願っている。わたしたちはすっかり意気投合し、以来、つねに行動を共にする仲になった。

あなたのタイプは？

Tous dans des cases

ティンダーでかなり驚くのは、
血液型が選択の基準に
なっていること。
「僕はAB型の変わった人。君は？」
ケンと初めて会ったとき、
彼はそんなふうに自己紹介した。

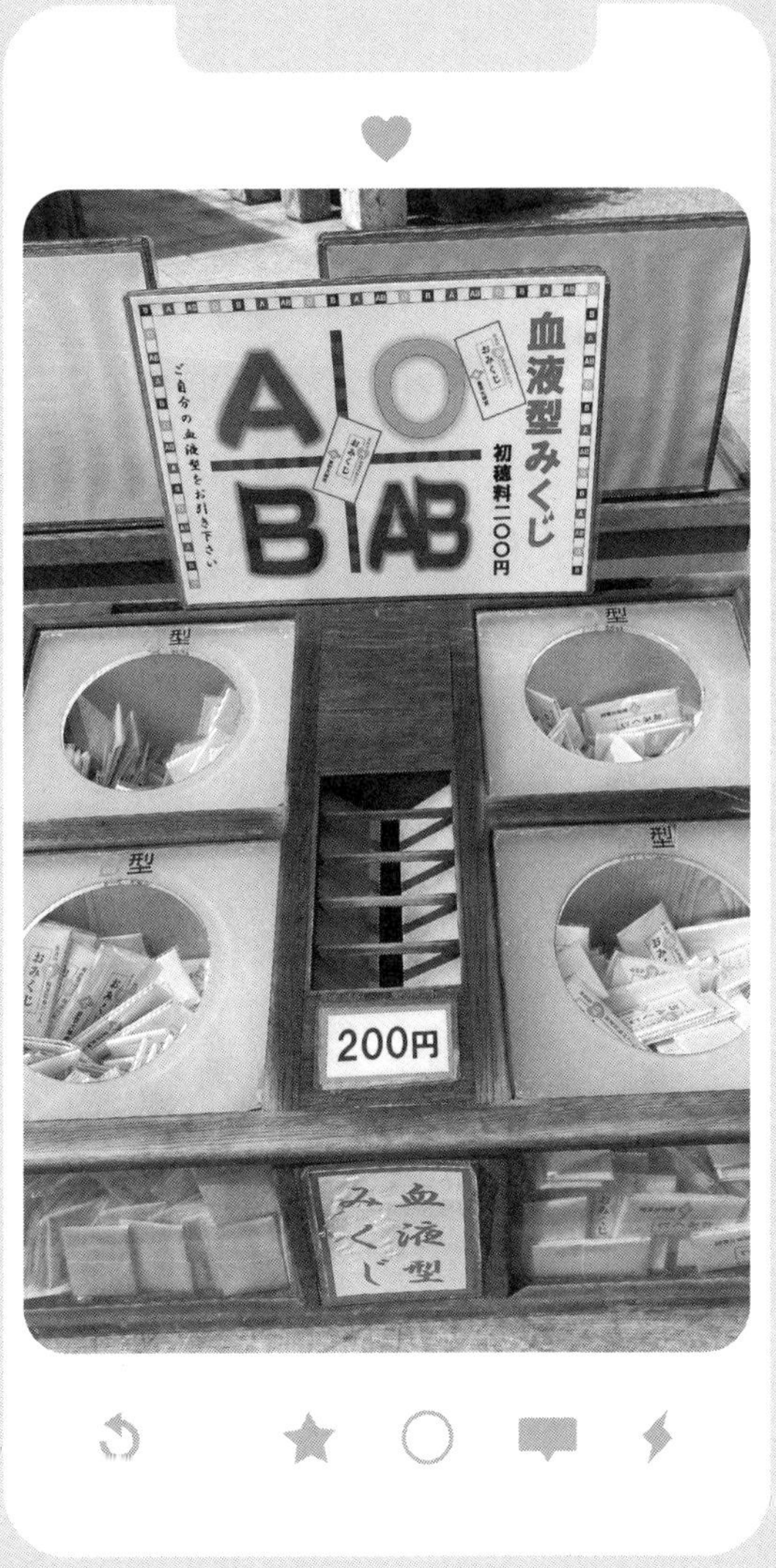

血液型みくじ
初穂料二〇〇円
ご自分の血液型をお引き下さい
A O B AB
200円
血液型みくじ

ティンダーで交わされる言葉が独特なので、なじむまでに時間がかかった。登録者の外見と性格が、ちょっと変わった方法で分類されている。

たとえば、顔。まず、もっとも人気があるのは「塩顔」と「砂糖顔」だ。「塩顔」はほっそりした色白の顔、「砂糖顔」は丸顔で童顔を指す。だから、こうした特徴を持っている幸運な登録者はもちろん、そこを強調する。中には、鼻が小さく、目が大きい「タヌキ顔」の女性を探している男性もいる。これはかわいい顔という意味だ。いっぽう、自らを「昭和」と称する人たちもいる。これは、単純で情に厚い性格で、リーダーシップがあるという意味らしい。さらに、自らを犬にたとえる男性たちもいる。確かに、彼らの目は大きく、しかも垂れ気味なので、優しそうに見える。いや、もしかしたら、性格の話をしているのかもしれない。いつも元気いっぱいで、主人に忠実で、かまってもらいたいタイプと言いたいのかも……。どこにでも主人のあとをついていく子犬のように。

登録者は自分が探している相手のタイプと自分のセールスポイントをはっきり書いている。たとえば、「甘えさせてあげる」と書かれていたら、彼もしくは彼女の言うことをなんでも聞いてあげるという意味だ。ちやほやしてあげる、拒んだり、傷つけたりしないということである。逆に、自分を「甘えん坊」と称している人々もいる。これは人一倍相手の関心を求めるタイプ。本来は甘やかされた子どものことで、絶えず相手の注意を引こうとする。それはまた、日本人女性が結婚したくない理由のひとつでもあるらしい。

「子どもの面倒をみて、さらにもうひとり？　だったら、結婚なんて絶対イヤ」

セイナはいつもわたしにそう言っている。

男性のプロフィールを見ていると、彼らが女性に対して何を求めているか、そして、わたしたち女性をどのように選別しているかが透けて見える。なんといっても、〝サバサバ〟した女の子が男にはモテる。ポジティブで自然体、あまり悩んだり、考えこんだりしないと見られている。ただし、〝自称サバサバ〟はだめらしい。あっさりしているように見えるが、実は、承認欲求が強い本性を隠していると思われている。さらに評価が厳しいのは〝こじらせ女子〟だ。物事を複雑

あなたの
タイプは？

にする女子のことで、自分に自信がないので、感情が不安定になりやすいと見なされている。多くの男性が探しているのは、〝ノリがいい〟女の子だ。誘えばいつでも来てくれる。だから、「軽い女を意味する暗号でもあるんだよ」と付き合った男の子が教えてくれたことがある。

いっぽう、純粋さもまた、男たちの基準のひとつだ。彼らは純真無垢《むく》を体現したような女子を探している。当然、恋愛経験が少ない女の子……。ゆえに、わたしは彼らの恋愛対象にはなれない。

ティンダーでもっと驚くのは、血液型が選択基準のひとつとなっていることだ。実際、デートの相手は全員、必ず血液型を訊いてきた。日本では、血液型に関する本、特に、血液型による恋愛相手との相性に関する本が山のように出版されている。おまけに、日本人は自分のプロフィールもしくは略歴に当たり前のように血液型を記入する。そういうわけで、スターであろうと政治家であろうと、はたまたリアリティ番組の出場予定者だろうと、彼らの血液型は一般に公表され、万人の知るところとなる。さらに、日本ではアニメやゲームのキャラクターでさえ血液型を持っている。

ただし、Ｒｈ血液型は話題にならない。日本人のほとんどがＲｈ＋型だからだ。

では、Ｏ型のわたしはどんな人なのだろうか？　「生まれながらのリーダーで楽観的な性格。行動力があって周囲から信頼され、自分の考えを理路整然と表現する才能がある」、そのため、「ときには傲慢と見られる」こともあるが、その反面、「自分の気持ちを伝えるのは下手で、人から拒絶されるのを恐れている」。でも、これは日本人の30％に該当するはずだ。Ｏ型はＡ型に次いで日本人に多い血液型で、人口の30％に相当するからだ。ちなみに、日本の歴代首相の多くはＯ型だ。

いっぽう、Ａ型は「勤勉で、仕事の段取りが良く、細部にまで気配りができ、礼儀正しく外交的」といいことばかり書いてある。このＡ型と対照的なのがＢ型で、「外向性で、かなり率直で、わがまま」とされている。日本人の10％に過ぎないＡＢ型は「孤独な夢想家、他の人とは違っている」と見なされている。

初めてケントとデートをしたとき、彼はそんなふうに自己紹介した。「僕はＡＢ型の変わった人。君は？」変わった人とは、他の人と同じではない、違っているという意味だ。でも、何に対して、変わっているというのだろう？　そもそも基準はなんなのだ？「変わっている」という表現がわたしは好きじゃない。もちろん、平凡ではない、他の人とは違うという意味で使われることもあるだろう。でも、蔑視《べっし》の意味で使われることだってあるのではないだろうか？　ケントの声にはなんとなく引け目のようなものが感じられた。血液型のせいで偏見やいじめに遭ったことがあるのかもしれない。実際、日本には血液型による差別を意味するブラハラ——ブラッドタイプハラスメントという言葉があるぐらいだ。

ケントと別れて、帰宅したわたしは、パソコンを持ってベッドに入った。フランス語の複数のサイトによれば、血液型と性格に関する理論が生まれたのは20世紀初頭。日本では１９２７年、心理学者の古川竹二《ふるかわたけじ》が『血液型による気質の研究』という論文を書いた。彼の学説は１９３３年には多くの学者から否定されたにもかかわらず、一般大衆の支持を受け、一種の血液型ブームが起きた。1970年代、ジャーナリストの能見正比古《のみまさひこ》が古川の著書に興味を抱き、血液型と性格に関する本を書く。能見は息子とともに65の著書を出版。その多くが新たな血液型ブームの波に乗って、ベストセラーとなり、全体の販売部数は600万を超えたという。新卒採用にあたって血液型を考慮する企業もあったとか。また、2004年には、70以上の血液型をテーマにしたテレビ番組が放送された。そのため、放送倫理・番組向上機構BPOは放送各局に対し、血液型関連番組の制作にあたっては、「血液型によって人間の性格が規定されるという見方を助長することのないように」との要望を出すほどだった。

ところで、わたしがAB型の相手とうまくいく可能性はほとんどないらしい(サイト間の意見は必ずしも一致していないのだが)。

それから数年たって、わたしはセイナと縁結びの神社として有名な東京大神宮に行った。この神社には血液型おみくじがある。わたしたちの会話も、自然に、血液型が中心になった。セイナはマッチングアプリではB型とAB型は避けているという。それでも、「そんなこと、しないほうがいいよ」とは言わなかった。誰にでもこだわりがあるはずだから。

夢をかなえる男

« Je peux être ton rêve »

波乱万丈の恋愛の末、
シュンの両親に紹介され、
上司にも引き合わされた。
シュンが出国する前夜、
わたしは悲しくて泣いた。
それから1年後、シュンが元カノと
結婚したと聞いた。

ある夜のこと。バイト先の居酒屋で、30代と思われるサラリーマン3人のグループに飲み物を持っていったら、その中のひとりから声をかけられた。

「どこから来たの？」お決まりの質問だ。そこで、わたしはジョッキをテーブルに置いてから言った。

「当ててください」

すると、「ブルガリアだ！」「いや、ロシアでしょ！」「ドイツだったりして！」と客たちは盛り上がる。

わたしは笑いながら、「正解は次のビールのお代わりのときに」と言いながら退散した。

「彼女、やるね！」と言う声を背中で聞きながら。

その後も彼らのテーブルに飲み物を運んでいたが、やがて、3人を代表するようにわたしにあれこれ質問していた男性客が、顔を真っ赤にしながら、言った。

「この3人の中で、誰が好み？」

わたしはいちばん大柄な男性を指差した。ラガーマンのような体型で、少しばかり傲慢な雰囲気を漂わせている。

「俺？」男性は驚いていたが、すぐにこう続けた。「じゃあ、えっと……食事に誘ってもいいかな？」

わたしもこう答えた。「連絡先ください。考えておきますから」

すると、「紙は！　ペンは！」とその場は大騒ぎになった。

シュンがわたしに会うためにすでに2回、ひとりで店を訪れていたと聞かされたのは、その後しばらくたってからだ。でも、勇気がなくて、なかなか声をかけられなかった。それであの日、同僚ふたりの力を借りることにしたのだと。

2週間後、わたしたちは六本木《ろっぽんぎ》のレストランで食事をした。シュンはバイト先の居酒屋が入っているオフィスビルで働いていた。連絡先をもらったあの夜から、わたしたちは毎日、メッセージのやり取りをするようになっていた。また、わたしの始業前に、シュンが店にやって来て、言葉を交わすこともよくあった。それでも、レストランで注文を済ませた直後にシュンから告白されるとは思ってもいなかった。シュンは真剣な面持ちでこう言ったのだ。「数カ月後に海外転勤するんだけど、一緒に来てくれないか？」

「いきなり？　まだ初デートだよ？」そう答えるのが精一杯だった。

3カ月後、波乱万丈の恋愛の末、シュンが新しい赴任地に出発する日が間近に迫っていた。その間、わたしは彼の両親に紹介され、さらに彼の上司にまで引き合わされた。ある夜、シュンがスーツ姿の5人のサラリーマンと居酒屋にやって来た。全員、秘密を共有する子どものような笑みを浮かべ、そして、わたしをじろじろ見る……。運命のいたずらか、その夜、他の客はいなかったので、店長から早く上がっていいと言われた。さっそく、服を着替えて店を出ようとすると、シュンのグループの上司とおぼしきふたりが急に立ち上がり、自分たちも店を出るところだと言いだした。店を変えて、一杯やるからと。そして、会計を済ませると、ひとりが父親のような口調で言った。「君、まだ食事してないだろう？一緒に来なさい。ご馳走《ちそう》してあげるから！」

20分後には、彼らの行きつけのカラオケバーで、わたしはピザを食べていた。わたしの隣に座ったシュンが笑いながら言った。「ほら、あいつらを見てよ！

さっきまで威張ってたのに、君が来たら、おとなしくなっちゃって」ビジネススーツの男たちが全員、手を膝の上に置いて、まっすぐ前を見つめている。その様子はまるで、サラリーマンの串刺しを見ているようだった。

その中のひとりがすっくと立ち上がり、古道具屋の一角のようなスペースの中央に置かれたマイクに向かった。カウンターの向こうに整然と並んだ酒のボトルが輝きを放ついっぽうで、片隅には段ボールやビールケースに電気コードなどが雑然と置かれている。天井を見上げれば、ミラーボールが極彩色の光を客たちに注いでいる。今度は歌手と思われる女性が日本のヒット曲を歌いだした。彼女はまさにこの店のイメージそのものだ。どぎつい化粧にお尻まで届きそうな長く艶《あで》やかな黒髪。そして、グレーの綿のTシャツにスポーツ用のカラーレギンス。まるでステージ衣装に着替える時間がなかったとでも言わんばかりだ。店の他の女の子たちはドレスを着て、髪もきれいに整え、客のいるテーブルにやって来て、客たちの傍らに座っている。

わたしはなんだかいっきに過去の世界へやって来たような気になった。そして、シュンがマイクに向かったとき、もっとシュールな世界が始まったのだ。シュンはなんと、尾崎豊《おざきゆたか》の《I LOVE YOU》を歌ったのである。その間、店のママや女の子たち、そしてシュンの上司ふたりがわたしに視線を注ぐ。シュンの同僚のひとりがわたしの耳元でささやいた。シュンが海外に行っている間、ひとりでつらくないかと。わたしはもう身の置きどころがなかった。

シュンが出国する前夜、わたしは悲しくて泣いた。シュンは赤坂の高級ホテルに部屋を予約していた。そして、シュンからプロポーズされたのだ。といっても、ロマンティックでもドラマチックでもなかった。そろそろ寝ようかというときに、冗談めかした口調で言われただけ。だから、わたしも同じノリでその場を切りぬけた。翌日、わたしはシュンを空港まで見送った。それから1年後、シュンが元カノと結婚したと聞いた。

シュンにとって、わたしは〝あげまん〟だったらしい。一緒にいると男の運気を上げる女のことだ。幸運の女神、またはお守りのような存在かもしれない。母親にわたしを紹介するとき、シュンがそう言った。シュンの家族はわたしが一緒にいるにもかかわらず、遠慮なくわたしの話をするのが常だった。まるで、わたしがその場にいないかのように。あるいは、わたしが日本語をまったく理解できないと思っていたのかもしれない。海外転勤から戻ってくる頃、シュンは37歳になっている。だからその前に結婚したいと焦っていたのだ。自分ひとりの稼ぎで十分やっていけるから、君は働く必要なんてない。そう言って。シュンはわたしを説得しようとした。

でも、そのためにやりたいことを諦め、日本でやっていくためにこれまで頑張ってきたことも忘れろと言うのだろうか？　そして、彼にわたしの人生を捧《ささ》げろと。彼のために食事の支度をして、洗濯して、家事に専念しろと。友だちや家族から遠く離れ、知り合いもいない国でシュンと一緒に暮らす。深夜になる彼の帰りを待ちながら？　そんな思いが頭の中を駆けめぐっていたわたしは、シュンが最後のひと押しのつもりで言った次の一言に凍りついた。

「俺は君の夢になれるんだよ」

完璧な彼氏になるためのマニュアル

Le manuel du mec parfait

初デートのあとで
連絡がなかった男たちとの
やり取りを思い返した。
2回目のデートをしたけれど、
進展がなかった男たちとの
やり取りも。
もしかしたら、わたしはもっと
「空気を読む」べきだったのかも？

「それは君が外国人だからだよ」わたしが日本人男性はロマンティストで女性に対して礼儀正しいと言うと、リョウは反論した。「君はフランス人だから、そういう扱いに慣れているはずだと思って、自分たちも同じようにしようとするんだよ」

実際、複数の男性からお芝居の台詞《せりふ》のように「愛している」と言われると、わたしもそう考えたくなる。「愛している」はよく使われる「好き」よりはるかに強い感情の表現だ。日本語の先生によれば、むしろ夫婦間で交わされる愛情表現だという。

リョウは31歳のサラリーマンで、六本木の高層ビル28階のレジデンスに住んでいる。ロンドンに転勤することが決まっていて、ビザが下りるのを待っているのだが、その間、家賃は会社持ちだ。私物はすべて段ボール箱の中。そうやって出国前に東京で過ごす日々をエンジョイしているというわけだ。彼のスマホには4つのマッチングアプリがダウンロードされている。

その1つを通じて、わたしたちは2年前に知り合った。でも、男女の仲にはならず、なんでも打ち明けられる相談相手になった。その夜、高円寺の水タバコバ《シーシャ》ーで、大型のカウチソファに心地よく身体をあずけて、わたしとリョウはフラストレーションを抱えていると訴えるニーナの話に耳を傾けていた。その頃、ニーナはあるギタリストに夢中だった。

水タバコの煙を吐きだしながら、ニーナが言った。「まるで完璧な彼氏になるためのマニュアルを暗記してるみたいなんだよね」

ニーナが何を言おうとしているのか、わたしにはすぐわかった。あまりにもできすぎている、嘘《うそ》のように非の打ちどころがない男たちがいるのだ。わたしはリョウに目配せをした。彼もそうした完璧な彼氏を演じることができるはずだ。その気になれば……。

リョウは、それまで黙って話を聞いていたが、さらっと言った。「今の時代、女の子とどう接するか知りたければ、漫画とアニメを見るのがいちばんいい」

いやいや、漫画やアニメに限らず、ドラマも見るべきだろう。アジアのテレビドラマ、特に、日本で大人気の韓国ドラマは外せない。つまり、こうしたドラマは日本人の男女関係に一定の影響があるということだろうか？　そんなことを考えていたら、つい最近、たまたま見た哲学者アラン・ド・ボトンのビデオを思い出した。それによると、わたしたちは全員、18〜19世紀のロマン主義の影響を受けており、わたしたちの恋愛に対する考え方は芸術作品や文学作品を通して形成されるというのだ。だとすれば、日本だって決して例外ではないはず。日本人の恋愛観も日本文化の影響を受けているにちがいない。

デートの相手が漫画やアニメ、あるいはドラマでデートの作法を学習するのかどうかはわからないが、わたしは経験に基づいてスマートな男性の気配りリストを書きだしてみた。まず、デートの前に何が食べたいか、食べられないものがないか、わたしに確認する。デートの場所はわたしと相手のアクセスがいい地点、できれば、わたしのほうが行きやすいところを選ぶ。デートの時間と場所に関して、複数のオプションを用意している。デートの日時と場所が決定したら、レストランの予約をする。次は、食事の間の気配り。まず、わたしが最上の席に座り、居心地いいかどうか確かめる。そして、携帯用ウェットティッシュを開けて、中から1枚取りだして、わたしに差しだしてくれる。それから、知らないうちに支払いを済ませている。さらに、寒くはないか、疲れていないかと絶えず気遣ってくれる。バッグが重そうに見えたら、すぐにバッグを持ってくれる。通りを歩くときは、車道側を歩き、エスカレーターに乗るときは上りだろうと下りだろうと、わたしより下の位置に立つ。これは万が一わたしが足を踏みはずしたりしたら、転落しないように支えるためであり、また、わたしがミニスカートをはいている場合には、スカートの中をのぞこうとする不心得者からわたしを守るため（のぞきは日本では深刻な問題で、駅構内には注意を呼びかけるポスターが貼ってあるぐらいだ）。さらに、キャンディーをなめたくなったら、包みから出してくれて、包み紙はごみ箱が見つかるまで自分のポケットに入れておく。わたしだったらとても思いつかない。

このチェックリストに基づいて、デートを計画する能力と女性に対する気配りのレベル、つまり、暗黙のルールをどこまで理解しているかを基準に、相手を観察し、評価するようになった。

そういうわたしも、実は、数年前までは〝KY〟――空気が読めない人だった。その場の状況をまったく理解せず、当然、そこから予期されるふるまいにも思いいたらない。KYとはそういう人を指す。自己中心的で鈍感で、周囲から浮いていることに気づかない。いろいろなテレビ番組を見たり、新聞や雑誌の記事を読んだり、本を読んだり、違う相手とデートをしたりしているうちに、過去を振り返り、独身女性として、もっと注意深く行動するべきだったと思うようになった。あらゆる機会をつかまえて、わたしは山のような質問を繰りだし、訊かれたことには思いきりストレートに答えてきた……。きっと、がさつで無礼な女だと思われたにちがいない。もしかしたら、下品な女とさえ思われたかもしれない。

わたしは初回のデートのあとで連絡をしてこなかった男たちとのやり取りを思い返した。説明のつかない、なんとも気まずい場面がよみがえってくる。さらに、2回目のデートをしたけれど、その後の進展がなかった、あるいは約束を取り消してきた男性たちとのやり取りも。もしかしたら、わたしは「空気を読む」べきだったのではないだろうか？

KYと言えば、ある都市伝説を聞いたことがある。京都では、なかなか帰ろうとしない客の時計をほめるという。すると、客は時計に目をやって、長居したことに気づく。もう1つの方法は、お茶漬けを勧める。お茶漬けは食事の最後に出されるものなので、客は主人《あるじ》の言わんとすることを理解するというわけだ。

日本に来たばかりの頃はこうした暗黙のルールがまったくわからなかったけれど、今ではほぼ完璧に理解できる。それでも、わたしは相手が期待するような反応をしなかったこともある。たとえば、車のブランドや出身大学、あるいは住んでいる都内のエリアを言われても、別に興味や関心を示すこともなかった。だから、彼らはさぞガッカリしたことだろう。今となっては想像するしかないのだが……。

ある日、リョウとニーナとわたしは〈ライオン〉にいた。1926年に誕生したこの名曲喫茶の店内は仄暗《ほのぐら》い灯《あか》りに包まれ、巨大な音響設備と膨大なレコードコレクションに囲まれるように赤いビロードの椅子が並べられている。そんな雰囲気の中で、クラシック音楽を聴きながらコーヒーを飲むのである。その日の楽曲がメニューと一緒に配付される。〈ライオン〉では原則、私語禁止。眠らない街渋谷の中心地にある、時を超えた空間だ。

いつものように、わたしたちは話したいことが山のようにあったのだが、店を出たところで、口火を切ったのはリョウだった。

「とにかく、バンドマンは3Bだから、付き合わないほうがいい」

ニーナが目を丸くした。「3B?」

わたしは知っていた。あるリアリティ番組でこの言葉が使われていたからだ。出演者の女性が美容師に夢中になってしまうのだが、美容師も〝3B〟のひとつ。3Bとは恋人にしてはいけない3つの職業のことで、「バンドマン」「バーテンダー」「美容師」を指している。

それに対抗するように、女性誌では〝3S〟なる言葉が使われるようになった。「整体師」「消防士」「スポーツトレーナー」のことで、これら3つの職業は勤務時間が不規則なうえ、他人と物理的に接している時間が長い。そこが付き合う相手としてネックと見なされているらしい。

パートナーを探すときに、女子が頭に入れているたくさんの基準のひとつに過ぎないが、かつて日本では、理想の男性は〝3高〟と言われたらしい。まず、「高身長」、具体的には180センチ前後。次が「高学歴」、有名大学を卒業していること。特に、東大卒は人気が高い。そして「高収入」、高給取りであること。この幸せの方程式は1980年代、バブル景気の最中に出現した。今でもプロフィール欄に堂々と年収を書く独身男性がいる。

そのバブルが崩壊して、女性たちは〝3高〟から〝3平〟へと期待値を下げた。3平とは「平均的な収入」「平凡な外見」「平穏な性格」を指す。

そして、そこからさらに女性が男性に求めるものは〝3G〟へと変わる。これは、「ギャップ(gap)」——意外性があるということ。たとえば、プレイボーイのように見えて、実は結構まじめな男子だったという意外性《ギャップ》。もちろん、性格は

「優しく（gentle）」なければならない。でも、強気で「強引（goin）」に迫ってほしいときもあるというわけだ。

ところが、最近の女子が求めているのは〝4低〟と言われている。まず、「低姿勢」。威圧的ではない姿勢が歓迎される。次に「低燃費」。これは余計な出費はしないということ。それから、「低依存」。妻や母親に依存せず、自分の身のまわりのことは自分でする。だから、家事もこなせることになる。そして、「低リスク」。リストラされるリスクが少ないということだ。したがって、公務員のように終身雇用が約束されている男性が好まれる。たとえ今、どんなに稼ぎが良くても、将来の保証がないような男子は選ばれない。

以前は、〝3K〟という言い方もあったらしい。これは「きつい」「汚い」「危険」のことで、若者が敬遠する職業の特徴を言いあらわしたものだ。

ここ数年、話題になっているのは新たな〝3K〟。今どきの女性がパートナーに求めているのは、「雇用」の安定、「金銭感覚」が合う、「価値観」が合うことだそうだ。わたしはふと、女なら誰でも自分の言いなりになると勘違いして、やみくもにいろいろな女性と付き合って、またそれを恥ずかしげもなく自慢する男たちを思い出した。

確かに、〝新3K〟は今の男女の基本といえる。

プロ彼氏

Boy-friend professionnel

アキはかつて、
レンタル彼氏として働いていた。
だからこそ、彼に興味を持った。
プロの彼氏としてのお手並みが
どれほどのものか見てみたかった。

わたしは破局を迎えるたびに、ティンダーに戻って検索をしていたのだが、顔を出さない男性のプロフィールが結構あることが気になっていた。しかも同じような写真におさまっている。ブランド物のスーツを身に着け、背景は眺めのいいゴージャスなホテルの一室。シャンパンのボトルが置かれ、ルイ・ヴィトンかサンローランのショッピングバッグが並んでいる。プロフィールの文句もほぼ同じで、彼らは自らを「セックスセラピスト」と称し、愛が足りないと感じている女性を救うと断言する。それだけじゃない。恋人や夫に言えないような願望もかなえてくれるという。

あるパーティーで知り合った女の子は、こうしたセックスのプロを、一度だけ、好奇心から呼んだことがあるという。料金は1回につき3万円。数カ月も前のことだというのに、まだ感動と興奮が冷めないようで、声を震わせながらそのときの様子を話してくれた。イケメンで、引き締まった身体で、とても上手で、至れり尽くせりだったという。彼女はそのプロのとりこになっていた。あのとき、ふたりは結ばれたのだと言った。魂の交流があったのだと。「だって、わたしに家族のことや将来の夢の話までしてくれて……」

わたしがアキと知り合ったのは、その頃だ。かつて、レンタル彼氏として働いていたという。だからこそ、彼に興味を持ったのだ。プロの彼氏としてのお手並みがどれほどのものか見てみたかった。もちろん、わたし自身は一銭たりとも払うつもりはなかった。レンタル彼氏として働いていたのは短期間だったようだが、それでもその間になんらかのテクニックを修得したのではないかと期待した。

3回のデートを通して、優しくて気が利く彼氏の基準をアキは完全に満たしていると感じた。レストランでは、トイレに行くふりをして会計を済ませてくるし、帰りは送ってくれる。でも、「君の都合のいいところで僕は帰るから」と配慮も忘れない。わたしの住所を知られないためだ。実際、わたしたちはまだそこまで親しかったわけではない。彼はわたしの自転車を押し、途中で、ハンドルに片方の手をかけ、もう片方の手を差しだしながら、見事に適度な緊張感のある声で、手をつないでもいいかと尋ねたのである。

その後のふたりのなりゆきを思い返すと、すべてがお芝居だったと思わざるを得ない。彼は彼氏の役を演じていただけだ。わたしとの付き合いに積極的だったとは思えないし、わたしという人間をもっと知りたいという好奇心も感じられなかった。だいいち、彼自身も決して本心を見せようとはしなかった。でも、だからといって、彼を責めようとは思わない。彼は礼儀正しく、親切で、わたしに敬意を払ってくれた。わたしたちは大人として付き合ってみたけれど、結局、ふたりの間に化学反応は起きなかった。

そういえば、一緒にお風呂に入っていたときに、彼は子どもの頃の話を始めたのだった……。わたしは思わず、パーティーで会ったあの女の子を思い出した。少なくとも、セックスに関していい思いができてよかったね、と。

ホストクラブ
Host clubs

わたしを肉食女子と見なした人は
何人いただろう？
そして、わたしは何人の
草食男子を怖がらせた？
そんなとき、
イケメン男子のヤスが、
ホストクラブに連れていって
あげると言いだした。

深夜早朝2割
22時から5時

新宿にある〈珈琲西武〉は、ステンドグラスの天井の真下が最上の席だ。天井から極彩色の光がコーヒーカップに反射する、まさに、インスタ映えする光景だ。その夜は客が多くて、わたしは窓際の席で我慢せざるを得なかった。読もうと思って本を持ってきていたのだが、早々と、窓越しに道行く人々を眺めることに没頭してしまった。

家路を急ぐ様子がないサラリーマンたちが通りすぎていく。家に帰る前に、どこかに飲みに行くのだろう。きっと、自分たちよりずっと若い、かわいい女の子たちと一緒に。彼らは〝フラリーマン〟と呼ばれている。仕事が終わっても、家に直帰せず、街中をフラフラして時間を潰しているからだ。それからホストと呼ばれる人々。独特のメイクと恰好ですぐにそれとわかる。彼らはまずコーヒーを一杯ひっかけて、夜の仕事に向かうのだ。近所にスポーツジムでもあるのだろうか？　タンクトップ姿の〝ゴリラ〟を見かけ、わたしは心の中でつぶやいた。ゴリラなみの分厚い筋肉の男性のことだが、あまり評価されていない。軽薄《けいはく》と見なされることも多い。好かれるのはむしろ、〝細マッチョ〟。引き締まった身体に無駄のない筋肉がついているタイプだ。この国で、男であるとはどういうことだろう？　そんな疑問を抱いた。

十数年前、日本では男らしさの大転換が起きた。〝草食系〟と呼ばれる男子が出現したのだ。これは２００６年、深澤真紀《ふかさわまき》というコラムニストが名づけたものらしい。恋愛や結婚、さらにはセックスに対してあまり積極的になれない男子のことで、この〝草食男子〟が増えているという。家庭を持つために積極的に結婚相手を探し、結婚後は経済的な責任を担う――それまで一般的だったこうした男性観とは対照的な存在だ。草食男子は物腰が柔らかく、親切だ。その登場によって、男子に限らず、女子にとっても、大きな変化が起きた。また、日本の景気がここ何年もパッとせず、出生率が低いままなのも草食男子のせいにできる。

いっぽうで「男らしさの喪失」とも言われ、２０１０年、シンガーソングライターのＧＡＣＫＴが「草食系男子を肉食系に変える」というコンセプトでコンサートツアーを実施したぐらいだ。〝肉食男子〟はハンター、またはドン・ファン、つまり、プレイボーイと見なされている。したがって、彼らはシャイではない。女性に対する接し方を心得ている。

この草食男子と肉食男子、それぞれさらに細かく分類されている。一見おとなしそうで、攻撃的な要素はいっさい見当たらないのだけれど、実は肉食系なのが〝ロールキャベツ〟。その反対が〝アスパラベーコン〟で、外見は肉食系なのに、消極的でシャイな男子のこと。さらに、肉食系でも草食系でもない〝鶏肉《とりにく》系男子〟〝魚食系男子〟、あるいは〝豆乳系男子〟など、他にもさまざまな分類がある。

GACKTや超コンサバな男たちが目の敵《かたき》にするのは草食男子だけじゃない。〝肉食女子〟も敵視している。彼女たちは自分が何をしたいかわかっている。物怖《もの お》じしないし、自分の意思をはっきり示す。肉食女子は自分の魅力を使う術《すべ》を知っている。そして、他人が何を言おうとまったく気にしない。

というわけで、わたしを肉食女子と見なした人は何人いただろう? そして、わたしは何人の草食男子を怖がらせたことだろうか?

そこに待ち合わせの相手がやって来て、わたしはいきなり、現実に引きもどされた。「遅くなってごめんね。ここは僕が払うよ。さあ、行こう」顔を上げると、スーツ姿のイケメン男子はすでに出口へと向かっている。

1週間前、このイケメン男子のヤスと食事をしていたときのこと。ホストの話をしていたら、ヤスがホストクラブに連れていってあげると言いだした。君の好奇心も満たされるんじゃないかと。ホストクラブとは、女性がお金を払って、ホストとお酒を飲んだり、おしゃべりしたりするところ。ヤスによれば、こうした店を訪れるカップルも多いという。たとえば、少し年配の男性がずっと若い彼女を連れていく。彼女が若くてイケメンのホストたちと楽しくやっている間、男性はお酒をちびちびやりながらくつろぐというわけだ。

ホストとは何物か？　どこまでが真実でどこから虚飾なのだろうか？　そんな疑問をここ数年抱いていたけれど、ついに自分の目で確かめることができる。しかも、わたしひとりでホストクラブに乗りこむわけじゃない。まさに絶好の機会だった。そして、ヤスに案内されたホストクラブは想像していたとおりの店だった。ロココ調のインテリア、豪華なシャンデリアにジャガード織のソファ。店に入ると、さまざまなお酒のボトルが並んでいるガラスの壁と大型スクリーンに目を奪われる。ちょうどハロウィンの時期で、悪魔や警察官に仮装したホストたちがシャンパンをラッパ飲みしていた。

ホストたちはわたしたちを温かく迎えてくれた。いっぽう、店長は対照的にひどく冷淡な態度だった。わたしたちは、初回限定の2時間で2000円飲み放題のセットメニューを提供された。

ホストクラブの接客システムは確かに、よく考えられている。10分おきに新しいホストがテーブルにやって来る。それだけ相性がいいホストに出会うチャンスが増える。そうやって、客にまた店に来ようという気にさせる仕組みだ。

そういうわけで、新たなホストが入れ替わり立ち替わりやって来た。なんだか、つまらないスピードデートのようで、新しいホストと話をするたびに、わたしの高揚感はしぼんでいった。どのホストも同じ質問、同じリアクションしかしない。「どこから来たの？」「超かわいいね」、そして、「日本語がすごくうまいね。どうして？」……。

それまでのホストに比べると圧倒的に若く見える男の子がやって来た。わたしの隣のスツールに座ってもいいかと早々に訊いてくる。わたしは「どうぞ」と答えた。座ると今度は、残念そうに、ふたりの間にわたしのバッグがあって邪魔だと言う。彼は19歳だそうだ。それから5分もすると、「君のこと好きになっちゃった」と言いだした。わたしは思わず天を仰いだ。いっぽう、ヤスはホストたちと楽しく過ごしているようだった。サッカーや料理の話題に花を咲かせて……。

2時間後、わたしは十数枚の名刺を手にしていた。その中で、「8年間、無遅刻無欠勤！」と記入されていた名刺が気に入った。どのホストもグラスにお酒が足りているか、しょっちゅう気を配っていた。所定の時間になると、怖い顔の店長がやって来て、ホストにテーブルを変えるよう命じる。

一瞬、店内のBGMのボリュームが大きくなり、若い女性がひとりで座っているテーブルのまわりにホストたちが集まった。彼女は数万円、いや数十万円するかもしれないシャンパンのボトルを入れたところだ。わたしは周囲の客たちを見まわした。全員20代に見える。そして、飾りたてている。ドレスにハイヒール、しっかりと整えた髪に濃いメイク。彼女たちはすっかりくつろいで、楽しんでいるようだ。シャンパンのボトルを注文した女性は笑いながら、手をたたいていた。そして、隣に座っているホストの上に、わざと、倒れこんだ。常連客なのだろう。

わたしはようやく、まだ左脇に座っている19歳のホストを振り返った。わたしがホストの話に耳を傾けるより、すっかり女性客のほうに気を取られているため、彼はしつこく、同じ質問を繰り返す。「ホントに好きになっちゃった……また会える?」

最年長のホストは45歳だという。そうは見えなかったが、わたしはすぐに、彼が過去20年間、毎晩大酒を飲んで酔っ払っている姿が想像できた。恋人がいるのか尋ねると、別のホストがはっきりとわかる大阪弁で、恋人はクラブに来てくれるお客さん全員だと言った。いかにもホストらしい答えだ。

制限時間の2時間がたった。わたしたちは言われるがまま、気に入ったホストを何人か指名した。そのホストたちに見送られ、店をあとにした。

パジャマに着替え、エドガーと一緒にソファでくつろぎながら、わたしはホストクラブで過ごした前夜のことを思い返した。

わたしは明らかに、ホストクラブに通う客のタイプではない。だから、それほど魅力を感じなかったのだろう。でも、スマホがバイブするのを聞くたびに、ホストたちがいかに粘り強く、客を獲得しようとするか、わたしにもなんとなくわかってきた。連絡先を教えたホスト全員が代わる代わる「良い一日を!」とか「元気でね!」というメッセージを送ってくるのだ。「君に会えてよかった」という感謝の言葉とともに。そして、「これから、サッカーに行く!」というメッセージ付きのトレーニングルームの写真やお手製のパスタの写真が送られてくる。まるでよく気が利く恋人のように、彼らは自分たちの日常をわたしと共有しようとする。そして、必ず、わたしを励ますようなメッセージを添える。あるいは、今日がどんな日だったか訊いてくる。

でも、こうした気配りには目的があり、それを無視するわけにはいかない。客はその対価としてお金を払う。仄暗い照明とカクテルで視界が曇り、理性の働きが鈍くなっても、そのぐらいわかる。ホストたちは耳元で心地いい言葉をささやいているだけだ。ホストたちが使っている高級な香水をもってしても、酒臭さを消すことなどできない。

彼らは、愛に飢えた女性客を食い物にすることに罪悪感など持たない。しかも、それは秘密でもなんでもない。女性客の大半は歓楽街で働くホステスたちだ。わたしは前夜、店で見かけたきれいに着飾った若い女性客たちのことを思い出し、少しばかり心が疼《うず》いた。彼女たちのために、男たちは大金を使い、そのお金はホストたちに貢がれる。数時間のロマンスと引き換えに。

ということは、ホストはお金儲けというエコシステムの最後の歯車なのだろうか？　つまり、最終的に大金を手にする人々か？　本当のところはわからない。

彼らはヤクザとつながりがあると聞いたこともある。ホストに関するドキュメンタリーや動画を見ると、そこに出てくる数字に目が回りそうになる。ホストクラブの売上は数億円に上り、高級腕時計や高級車を贈られるホストさえいるという。そのレベルに到達するためなら、彼らはどんなことだってするだろう。ホストは客の女性とは寝ないと言われている。わたしはラブホテルとホストクラブが隣り合っている歌舞伎町《かぶきちょう》のホットスポットと呼ばれる一角で何度も夜を過ごしたことがあるが、言われていることとは反対の光景をよく目撃したものだ。

ある夏の一時期、かつてホストだった男性と付き合ったことがある。彼とは友だち経由で知り合った。わたしたちは瞬く間に恋に落ち、あっという間に熱が冷めた。当時、彼に言われた言葉が今でもよみがえる。「僕たち日本の男は熱しやすくて、冷めやすいんだ」

翌年の夏、その元カレが結婚したと聞いた。彼はとにかくモテる男だった。〝デキ婚〟、つまり、妊娠がきっかけの結婚だったという。でも、結婚生活は数カ月しか持たなかったらしい。子どもが生まれてから、ふたりは別れたと聞いた。

誰かの支えが欲しかったとき、
わたしは彼の存在を知った。
わたしはひとりぼっちだった。

ROLAND

Roland

ROLAND《ローランド》は「現代ホスト界の帝王」と呼ばれている。謎めいたホスト界に君臨し、数々の伝説を生んでいる。

本当はプロサッカー選手になりたかったという――「365日中たぶん370日ぐらい練習していた気がする」。しかし、どのクラブからも声がかからず、サッカーの道を諦めて大学に進学する。ところが、入学式の日、ある光景が頭に浮かんだ。平凡な洋服を着て、平凡な彼女を乗せて、平凡な車を運転している自分の姿。実に平凡な人生……。このまま進めば、まさにそうなってしまうだろう。そう思った瞬間、ローランドはすぐに家に帰り、退学届をしたためる。退学の理由はストレートに、「歌舞伎町で一番のホストになる！」と書いた。そのとき、彼は18歳。

新宿駅東口駅前のファッションビル、アルタの前に立ち、ホストクラブのスカウトを待った。どんな店であろうと、とにかく最初に声をかけてきた店で働くつもりだった。一度挫折を経験したことで、二度と屈辱を味わうものかと固く心に誓っていた。それは自分のプライドが許さない。

とはいえ、1年間、ほとんど稼ぎはなく、1日1食の生活が続く。当時の過酷な日々をローランドはこう語っている。コンビニで売っている小さなパンを食べてしのいだ。あまりにも空腹で、しまいには歯磨き粉やヘアムースさえ食べようかと思ったと。でも、3年後にはクラブの店長に昇進する。それからは、とてつもない金額の売上を計上するようになった。彼は店のナンバーワンホストどころか、歌舞伎町全体のナンバーワンホストになったのだ。メディアからも注目されるようになって、テレビでも頻繁にローランドを見るようになった。

ローランドはユニークだ。たとえば、アルコールはいっさい口にしないと決めている。女性客に最高のサービスを提供するのが売りであるはずのホストとしては、驚くべき決断だ。2018年の誕生月には6000万円超えの売上を達成。ついでに「現代ホスト界の帝王」という地位も確立した。その数カ月後、ローランドはホストを辞めると宣言する。栄光の頂点で去りたいからと。それ以来、ローランドは自らの王国を築きつつある。彼は歌舞伎町という狭い世界から飛びだしたのだ。テレビに出演し、何冊も本を出版し、さらにたくさんのビジネスを手がけている。たとえば、ＹｏｕＴｕｂｅチャンネルにレストラン経営、そして、美容サロンの展開と関連商品の開発販売……。

ブロンドの長髪がローランドのトレードマークだ。髪は魂だと彼は断言する。髪の毛を切るぐらいなら死んだほうがましだと。そして、自分の髪の毛にまつわるある伝説を面白がっている。ローランドの金色の髪に触れると金運が上がるというのだ。ところが、２０２１年、ローランドはその金髪を黒髪にして、世間を驚かせた。でも、その数カ月後、彼は再び金髪で現れる……。

ローランドは人前ではたいてい、サングラスをかけている。理由は、彼の瞳をじかに見るのは彼の女性客たちだけに与えられた特権だからだそうだ。

ローランドは自虐ネタの王様でもある。彼の自伝的要素が色濃い本には、記憶に残る名言や恋愛に対するアドバイスや自己啓発のヒントがいくつも詰まっている。ＹｏｕＴｕｂｅの動画では、ビデオを回すスタッフにローランドが体重を訊かれるというシーンがある。場所は彼が毎日通っているスポーツクラブのジム。無頓着にローランドが答える。「60キロ」そこで、体重計に乗ると、数値は74・

9キロ。画面全面に74・9の数字が点滅する。すると、カメラに微笑んでローランドが言う。「体重は60キロで、自信が15キロ」

ローランドを知れば知るほど、魅力的な人物だと思うようになった。果敢で手ごわい。そのいっぽうで、愉快で刺激的……。わたしは彼に興味を持った。彼の秘密を暴いてやる。どうせ女の敵にちがいない。女は金としか考えていないのだろう。そう思っていたのだが、次第に、ローランドが兄のような存在に思えてきた（わたしより4歳年下にもかかわらず）。わたしはローランドの中に安心できる男性像を見いだしたのだ。そして、それこそが自分に必要なものだったのだと気がついた。彼の本を読んでいると、自分に対して過剰な自信や期待を抱いてはいけないない、でも、無条件に自分自身を愛すること、そう言われているような気になる。

今や彼は、わたしのまわりのどこかに、いつも、必ずいる。日本でのわたしの日常生活の背景の一部として。誰かの支えが欲しかったとき、わたしはローランドの存在を知った。わたしはひとりぼっちだった。深夜11時、居酒屋でのバイトが終わる頃にはくたくたに疲れ、人気《ひとけ》の絶えた迷路のような地下鉄構内を足を引きずるようにして歩いた。孤独に苛《さいな》まれながら……。あの頃、アプリで知り合った男たちとデートを重ねていたのは、心のよりどころ、あるいは精神的な支えを求めていたからかもしれない。でも今それはローランドになった。

ターゲット攻略法

Stratégies

わたしにとってのタキシードは
ニーハイブーツ。
それをはけば、わたしは世界を
征服できるような気がする。
だから、最初のデートには必需品。

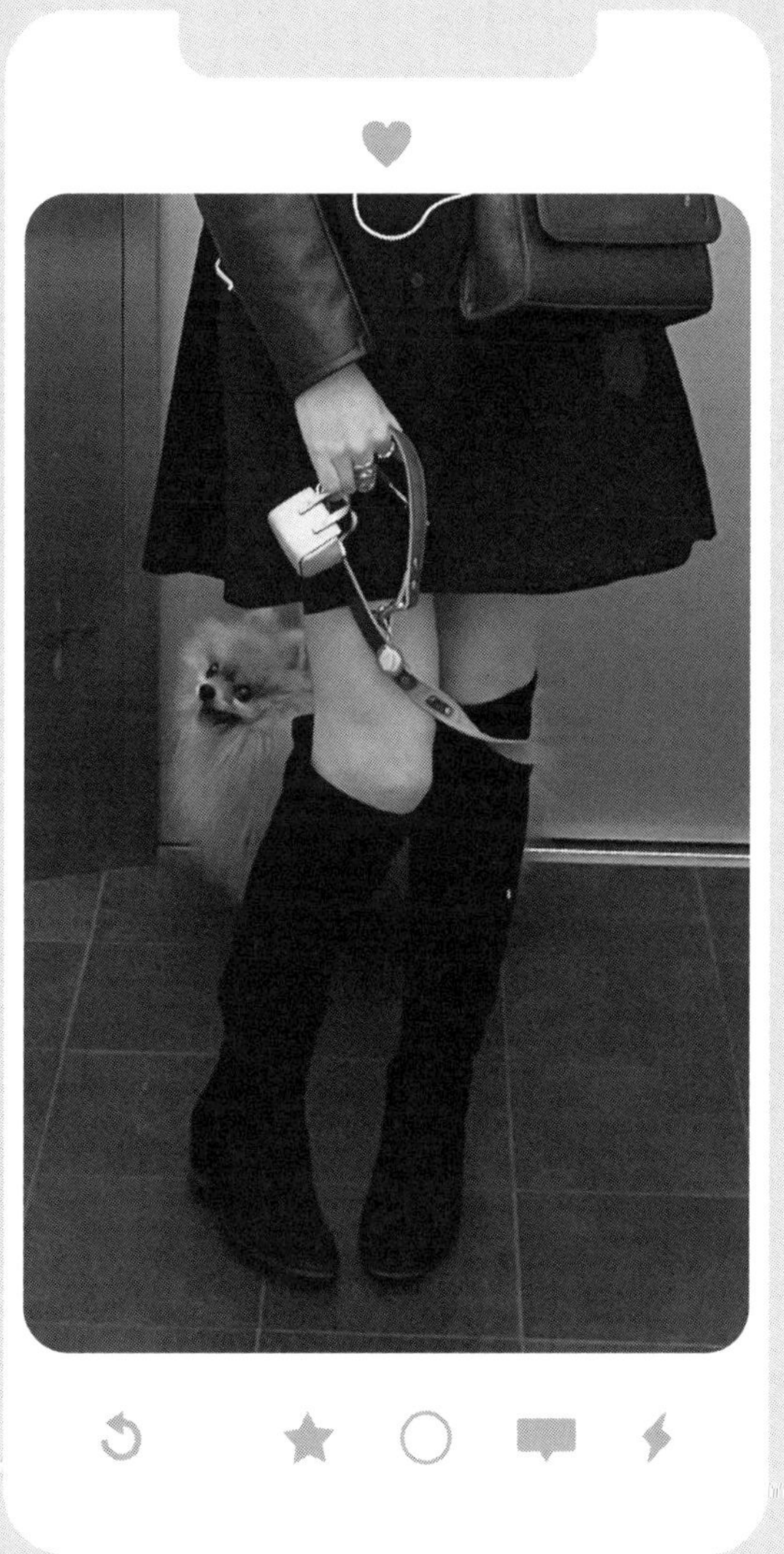

「どんなタイプが好き？」よくそう訊かれるので、あらためて好みの男性の特徴をリストアップしてみた。でも、その前に、日本の男たちはどんなタイプの女性が好きなのか、少し調べてみた。そこから彼らがどんな攻略法を立てるのか、興味があったからだ。

なんといっても、「明るくてポジティブな女性」「一緒にいて楽しい」、そして「居心地のいい女性」という答えが圧倒的に多い。だから、そんなタイプを演じる女子がいても不思議ではない。

ところで、こうした質問に対しては、誰でも該当するような一般的な特徴を答えることが良しとされているらしい。そして、質問した相手も、それとなく、好みのタイプだと伝えることも忘れてはいけないようだ。でも、わたしはあえて、正直に答えたい。わたしの好きなタイプは、「カリスマ性があって、自分に自信がある面白い男性」。そういうわけで、これはわたしを誘う場合のヒントにしてほしい。また、シャイな男たちに対する警告であることもお忘れなく。内気すぎる男性はわたしとの2回目のデートは期待しないように。

女性誌や書籍、そしてテレビやインターネットには、独身女性に向けた、外見・性格・仕事などどすべて文句なしの理想の男性を見つけるためのさまざまなアドバイスがのっている。そのような言わば「バイブル」には、どのような状況でどのようにふるまうべきか、具体的に説明されている。何一つなりゆきに任せたりしない。

まずは服装から見ていこう。『テラスハウス』を見て、わたしは服装の持つインパクトを痛感した。これはシェアハウスに住む6人の男女の日常と恋愛模様を追ったリアリティ番組で、シーズン1は元モデルの聖南《せいな》さんとよく日焼けしたプロサーファーのまーくんとの波乱含みのロマンスを中心に展開された。ふたりの気持ちがうまくかみ合わず、それを象徴するシーンが忘れられない。まーくんは、聖南さんにデートのときにスカートをはいてこないよう頼む。自分の女性ファンの嫉妬をあおりたくないからと。そして、デートのシーン。まーくんはレストランのテーブルに座って聖南さんを待っている。そこへ聖南さんが現れる。スカートをはいて、颯爽《さつそう》と、まっすぐ前を向いて。もちろん、彼女はあえてそうしているのだ。

昼休みに、婚活雑誌として有名な『美人百花』をパラパラとめくってみたことがある。ゴルフ練習場でイケメンゴルファーと遭遇したときに、会話のきっかけをつかむためにどうすべきか、具体的に書かれていた。ゴルフ練習場は独身男性の隠れた溜《た》まり場だ。そして、ゴルフはステータスのある人々のスポーツであり、ビジネスにおいては成功のためのツール。リョウマも上司に気に入られたくてゴルフを始めたぐらいだ。

いっぽう、ファッションに関しては、「絶対に外さない婚活ルック」が紹介されていた。その記事でモデルを務めていたのは、皮肉なことに、『バチェラー・ジャパン』のファイナルエピソードで選ばれなかった女性だった。『バチェラー・ジャパン』もリアリティ番組のひとつで、ハンサムで金持ちで、社会的ステータスもある独身男性が結婚相手を探すというもの。モデルが身に着けていたのは、長いスカートとエレガントで控え目なデザインのパステルカラーのブラウスの組み合わせ。そこで、わたしは最近、どんな恰好でデートに出かけたか、振り返ってみた。そもそも、わたしのワードローブにはほぼ、黒と白の服しかない。34歳の女性として、わたしは自分に自信のある、強い女というイメージを与えたい。だから、最初のデートには決まって、黒いミニドレスにスエードのニーハイブーツ。最小の努力で最大の効果を目指している。

ローランドは、人は見かけによると宣言している。仕立ての良いスーツが力を発揮することを知っているのだ。なぜなら、服装は身のこなしに影響する。そして、自分に自信を与えてくれる。最高のタキシードを着て、好きな車を運転して、素敵なレストランに行き、最高のウィスキーを飲む。

わたしにとってのタキシードはニーハイブーツ。それをはけば、わたしは世界を征服できるような気がするから。

ローランドは何一つ、なりゆきに任せたりはしない。彼を取りまく女性客たちに消えることのない思い出を残すために、香水はテール ドゥ エルメスしか使わない。名刺にもこの香水を染みこませている。「ローランドといえばこの香り」

というイメージ戦略だ。また、客の女性を乗せて車を運転しているときは、必ず、フランク・シナトラの《マイ・ウェイ》をかけるという。「この曲を聴いたら、ローランドとの楽しい時間を思い出してもらえるように」と。

ローランドは女性をその気にさせるのが仕事だ。本気になってしまった女性から「貴方のことが好き」と告白されることもあるという。そんなとき、ローランドは熱烈に、「俺も好きだよ！」と答える。「俺も（ローランドのことが）好きだよ」と。彼は女性客たちに警告を発しているという。俺のことを本気で好きになってはいけない。なぜなら、君たちを100パーセント幸せにすることはできないから、と。

あらゆる意味で、ローランドはこれまでの常識を壊そうとしているように見える。たとえば、日本では贈り物をするときには、まず「つまらないものですが」と言うが、ローランドは違う。「最高に素敵な逸品です！」と言う。これは君のために俺が選んだものだ、絶対君に似合うはずだよ、ということだ。

わたしも彼のようになりたい。

レディの日本語

Parler comme une lady

2回目のデート。
「レディみたいに話せるように、
僕が君の日本語を鍛えてあげる」
彼はそう言いはなった。
完全に心が折れた。

good morning
こんばんは
わかります

帰りのタクシーの中で、わたしは怒りを爆発させた。その日はかなり気に入っていた相手と2回目のデートだったが、彼の言葉がずっと頭の中を駆けめぐっていた。「レディのように話せるように、僕が君の日本語を鍛えてあげよう」彼はそう言いはなったのだ。ディナーの真っ最中に、瞬《まばた》きもせずに、じっとわたしを見つめて。

彼からみると、わたしは洗練されていない、男のような話し方をしているのだろう。要するに、彼の求めるレベルに達していないというわけだ。彼は実業家だ。高級車を乗りまわし、高級ブランドのスーツを身に着けている。ビジネスの成功と富を手にした彼は、当然、自信に満ちている。そして、女性の扱い方を心得ている。車の扉を開けながら、「シートを温めておいたよ。君がドレスを着てくると思ったから。今夜の君は、実に素敵だ!」と言うようなタイプだ。そして、こう続ける。「どうしても君を連れていきたいところがある。きっと気に入ってくれると思う」そんな男がモテないはずがない。誰もが彼に憧れる。そして、彼自身、それがわかっている。わたしも完全に、彼の魅力のとりこだった、その言葉を聞くまでは……。

わたしは思わず息をのんだ。そして、完全に心が折れた。レディのように？ 母国語しか話せない男が、どうして、わたしの日本語にケチをつけられるのだろう？ そんなことを言われて、何も言い返せなかった自分にも腹が立った。


男性なら「女のように話さないように」、女性なら「男のように話さないように」。日本語を学んでいたら、少なくとも、一度はそう注意された経験があるはずだ。「その話し方は変ですね」と。母国フランスで、男性形／女性形の区別をやめて、ジェンダーレスなフランス語を目指す動き――包括的言語――に共感しているわたしが、遠く離れた日本では性差に基づく言葉遣いに適応しなければならないとは……。

自分の呼び方から言葉の言いまわし、感情表現にいたるまで、日本語はすべてに男女差がある。わたしは男性の一人称である「俺」を使うことはできない。標準的な「わたし」か、少しくだけた「あたし」を使わなければならない。場合によっては「うち」と言うこともできる。でも、わたしは「俺」が持っているような力強さや生意気な感じが好きだ。わたしも「俺」と言うことができればいいのに。あの『フラガール』に出ていた紀美子《きみこ》のように。これは２００６年に公開された李相日《リサンイル》監督の映画なのだが、ある夜、たまたまテレビで見たときに、彼女が自分のことを「俺」と言っていたので、とても驚いた。それで翌日、さっそく日本語の先生に訊いてみた。すると、「映画の舞台となったいわき市で、１９６０年代まで使われていた方言のひとつです」と教えてくれた。この先生は男性の生徒たちに、「俺」は使わないようにと言うのが口癖だった。乱暴で下品に聞こえるからと。でも、毎日、何百回となく、デートの相手や客や上司の口から「俺」という一人称が聞こえてくる。上司たちは職場でさえ使っているぐらいだ。わたしは日本語の教え方に少しずつ、納得できないものを感じるようになった。日本語学校では、日本語のテキストを使って、日本の社会が望む話し方を教えようとする。わたしに関して言えば、若い女性にふさわしい礼儀正しく、節度のある話し方をしなさい、と。

日本語の先生が言っていることが本当かどうか、自分のまわりにいる男性たちが話しているときに耳をそばだてたことがある。仕事上では、標準的な「わたし」が使われているが、それ以外は、圧倒的に「俺」だった。10歳以下の男の子たちでさえ自分のことを「俺」と言っていたぐらいだ。

わたしはタクシーを降りて、家に入った。日本語には女性語と男性語がある。さらに、単に言葉遣いにとどまらない分類がある。過度に自分を純真、あるいは無邪気に見せようとする女性たちがいて、彼女たちは〝ぶりっ子〟と呼ばれている。ぶりっ子たちは甲高い声で、打ち解けた（なれなれしい）話し方をする。「かわいく」見える身ぶりを交えながら。しかも、彼女たちは自分のことを「わたし」とは言わず、名前で呼ぶ。たとえば、わたしの場合は、「ヴァネッサはあそこに行きたいの」「ヴァネッサはあれが食べたいの」となる。一部の男子にとって、このぶりっ子が彼女を選ぶときの1つの基準になるらしい。いっぽう、これを嫌がる男たちもいる。

これまで何度か、レストランでぶりっ子を見かけたことがある。隣のテーブルでまさにぶりっ子ぶりを発揮している女子たちを観察しながら、わたしは心の中でつぶやいたものだ——男の気を引くために、実際よりもはるかに世間知らずで純朴に見せようとしている彼女たちは何者？　どうすれば、男性の前であれほど人格を変えることができるの？　もしかしたら、彼女たちは子どもの頃から周囲の期待にずっと応えようとしていたのかもしれない。その結果、欲しいものを手に入れるために、社会の基準に合わせるようになったのでは？　でも、自由な女性は自分がやりたいことをやり、世間がなんと言おうと気にしない……。わたしは思いきり笑いながら、ソファに身体を投げだした。そして、自分の彼女の本当の声など聞いたことがないにちがいない男たちのことを気の毒に思った。

さて、ある日のこと。バイト先の居酒屋に着いたとき、ユウヤの姿が見えないことに気がついた。雑用係であり、店長の右腕でもあるユウヤはいつだって店にいる。彼は25歳、てきぱきと働くエネルギッシュな男子だ。わたしはユウヤが大好きだったが、ユウヤは全然気がない素振りなので、それが偽りであることを願うばかりだった。身体の具合でも悪いのだろうか？　わたしが仲間たちに尋ねると、年末休暇で2週間、実家に帰ったという。「じゃあ、大阪に……」と言ったとたん、仲間たちが爆笑した。

「ユウヤは北海道出身だよ！」

まさか？　わたしは心の中で思わず叫んだ。この半年の間、わたしは週5日、毎晩ユウヤが店で大阪弁で話すのを聞いている。だから、当然のように、大阪出身なのだと思っていた。でも、北海道出身だったとは……。言ってみれば、パリにやって来たアルザス出身者、あるいはノルマンディー出身者がマルセイユ訛《なま》りで話すようなものだ。どうやらユウヤは、関西出身じゃないのに関西弁を使う〝エセ関西弁〟使いだったらしい。

関西人、特に、大阪人は友好的で、愉快で、率直だと言われる。そして、しゃべりが面白い。実際、お笑い芸人の多くが大阪出身だ。いっぽう、東京人はよそよそしいと言われている。そういうわけで、関西出身ではないことがバレないように、自然な関西弁の話し方を教える動画やサイトがいくつもある。また、エセ関西弁を使っているのがバレたセレブのリストなるものも出回っている。

自信にあふれて見えるように、あるいはたくさんの人から注目されるために、こうした努力をする人たちに、わたしはいつも感心してしまう。ベストな自分のイメージを作るために最大限の努力をする。そのためには話し方まで変えてしまう。他人からどう見られたいかによって、放つ弓矢に細工するようなものだ。そうなると、キューピッドはもう用無しということ？

弁当と女子力

Bento

自分の料理の腕を考えて、
思わずため息が出た。
わたしの作った料理をほめてくれる
男がいるとは思えない。
“夫”のために毎日お弁当を作る気は
さらさらないけれど……。

少し前のことになるが、〝女子力〟という言葉を知った。これはまぎらわしい言葉だ。文字どおり、女子の力という意味だけれど、実は、女性だからできて当たり前と見なされている領域における能力のことで、具体的には、料理が上手で、家の片付けができる。メイクもうまく、そのうえ、洋服の着こなしのセンスがいい……。要するに、こうした能力をしっかり磨くことで、男を惹きつけて放さない術を心得ていることである。それ以外にも、いい香りがする、人に対して親切で気配りができる、あるいは、忖度《そんたく》ができる、健康的なライフスタイルを送っているという意味も含まれるかもしれない。いずれにしても、こうした定義のひとつひとつが女性にプレッシャーを与えている。

この〝女子力〟は、男性に対しても使われることがある。ただし、その場合、いつもほめ言葉とは限らない。たとえば、女子力が高い男子として、〝弁当男子〟があげられる。毎日、自分で作った弁当を職場に持ってくる男子のことだ。このたった1つの日常の行為が議論の的になっている。

まず、一部の女性たちから見れば、弁当男子は料理が上手で、家事にも積極的に参加する。そして、家計のやりくりもうまく、さらに、環境問題や健康にも関心が高い。つまり、ふたりで一緒に料理をして、家で食事を楽しむというライフスタイルが想像できる男性のタイプだということだ。

いっぽう、料理ができる男子をライバルと感じる女性たちもいる。

そして、超コンサバな女たちから見ると、エプロンをつけるような男子はちっとも男らしくないとなる。毎日、必ず弁当を持ってくる弁当男子は、几帳面《きちょうめん》なあまり柔軟性に乏しいと考える人々もいる。こうなるともはや偏見に近い。弁当男子は嫉妬深い、さらに、あまりにも現実主義者で面白みに欠ける、とも。毎日スーパーの安売りを追いかけ、毎晩、次の日の弁当のおかずを考えながら夕食を作ると見なされるのだ。段取りがいいと好意的に見る人もいるが、けちくさいと否定的な人もいる。場合によっては、毎日、手作りの弁当を職場に持ってくると、野心が足りないと思われ、なかなか昇進できないかもしれない。実際、上司とランチに行く機会は激減するわけだから……。

それにしても、弁当1つで、これほど多様な解釈ができるのだから、驚きだ。

デートが1日がかりになるときは、好きな人に喜んでもらいたくて、わたしも弁当を作っていくことがある。ある日、卵焼きがうまくできないと、セイナに愚痴をこぼしたところ、セイナは日本人女性が密かにやっていることを教えてくれた。なんと、おにぎりや唐揚げなど、焼くだけ・温めるだけの惣菜《そうざい》を買ってきて、弁当箱に盛りつけ、いかにも時間をかけて、「全部自分で作りました！」というふりをするというのだ。わたしはそんなふうにデートの相手をだまそうと考えたことはない。だいいち、わたしにできるはずがないのだ。料理はまったく得意じゃないのだから。それにしても、そういう女性たちは、結婚後はどうするのだろう？　夫は美味しい弁当や食事を作ってくれることを妻に期待すると思うが……。

ところで、〝愛妻弁当〟という言葉があるように、日本では、弁当は愛情の証、少なくとも関心を持っていることの証らしい。愛＋妻＋弁当、妻が愛情をこめて作った弁当と表明しているようなものだ。また、ママたちが子どもたちのために作る〝キャラ弁〟もある。これは弁当の中身を子どもたちに人気があるキャラクターに似せて作ったもの。子どもたちにとってこのキャラ弁は自慢の種だ。キャラ弁は母親の子どもたちへの愛情を反映するものと見なされている。だから、ママたちは暗いうちに起きて、弁当作りの準備を始める。ハローキティの形に海苔をカットするのは難しいのだ。あまりの過熱ぶりに、最近ではこのキャラ弁を禁止する学校が増えているらしい。そんな大変な努力をしてキャラ弁を作るママたちにわたしは心から敬意を表したい。

職場の同僚たちとランチをとりながら、わたしは弁当について話している男たちの話に耳を傾けた。20代で、最近結婚したばかりのタナカさんは、コンビニで弁当を買って食べている。妻にさらなる負担を与えたくないからと言う。いっぽう、30代のシマダさんは、奥さんの作る愛妻弁当に感謝しながら、奥さんの料理の腕前を自慢する。それに関しては、その場にいた全員がうなずいた。実際、シマダさんの弁当はいつも美味しそうなのだ。

わたしはみんなの話を聞きながら、以前読んだ新聞記事を思い出した。一部の男性は妻の作る料理が美味しくないので、ランチは外に食べに行くという。わたしも、間違いなく、そうした妻の部類に入るだろうと思ったら、思わずため息が出た。わたしの作った料理をほめてくれる男性がいるとは思えない。といいつつ、わたしは夫のために毎日弁当を作る気はさらさらないのだけれど……。

賞味期限切れ

On a tous une date limite

友だちのセイナは
時間が過ぎていくことに
とても焦っていた。
パリだろうと東京だろうと、
女たちの闘いは同じなのだ。

勝守

わたしの女子力はどのぐらいなのだろう？　思いたって、ネットの女子力診断を受けてみたことがある。料理と化粧はスコアが低い。いっぽう、家の片付けに関しては高スコア。そして、人の心を読むようにその場の空気を読めるとのこと。当時、わたしは32歳。自分がとても自由で、美しく、そして、かつてなく自信がみなぎっていると感じていた頃だった。

診断は「あなたの問題は……」と続く。やはり、来たか……。独身でいることが、ある人々からは問題だと見なされる年齢にわたしはなっていた。とても寛大な人なら、「あなたのような女性がどうして独身でいるのかわからない」と思ってくれるだろう。その原因は、わたし自身にあった。わたしは男たちを怖がらせている？「君はきれいだし、外国語が堪能で、話していて面白い……」だから問題なのだと、友人のガブリエルは言う。30歳も過ぎて独身でいるわたしは、周囲に警戒心を抱かせるということか。

わたしは昭和63年生まれの〝昭和ガール〟。初めて区役所に行ったとき、窓口で職員が生年月日の欄に63という数字を書いたときに、日本には元号制度があることを知った。わたしがこの世に誕生した数カ月後に、日本の天皇が変わった。その結果、元号も変わった。

「もう少しで、わたしたちも平成生まれになれたのに……」とセイナは嘆く。

「昭和はレトロで良いけど！　でも、モテるのは平成生まれだよね」わたしはそう言って、お互いを慰めた。

セイナは時間が過ぎていくことに焦っていた。この悲観的な態度から彼女の不安と日本社会の同調圧力が透けて見える。ある日、セイナがこう言った。「わたしたちと同い年の独身男や離婚しない男たちは、きっと、何か問題アリなんだよ。バツイチが結婚市場に大量に出てくるまで待ったほうがいいね」実は、ナディアもまったく同じことを言っていた。つまり、パリだろうと東京だろうと、女たちの闘いは同じなのだ。

セイナは自分のゲームオーバーが近いことを確信しているようだった。ある夜、『バチェラー・ジャパン』を一緒に見ていたら、セイナが長いため息のあとに言った。「わたしたちのモテ期は終わり！　あの若くてきれいな女の子たちを見て。あれじゃ、とてもかなわない」

「モテキ？」そう尋ねると、セイナが黙って、まさにそのタイトルの漫画5巻を差しだした。それから、漫画のテーマを説明してくれた。〝モテ期〟とは、その人の人気がピークに達している期間を指すらしい。わたしは家でじっくり読もうと、『モテキ』全巻を借りた。帰りの電車で、頭の中はすっかりモテ期という考え方に占領された。と同時に、疑いもわいた。ということは、わたしたちにも「賞味期限」があるのだろうか？

　鏡の前で、何本か白髪が生えているのを確認しつつ、わたしはこのモテ期理論には賛同しないことにした。ふと、ある人が頭に浮かんだ。ローランドはどう考えているのだろう？　きっと、人に賞味期限があるなんていう考え方は拒否するにちがいない。彼は世間がこうあってほしいという存在でありつづけるために、あらゆる手段を講じることが不可欠と考えているのだから。

約1カ月後、わたしは名古屋にいた。間々観音《ままかんのん》を訪れるために。ずいぶん前から行ってみたいと思っていたのだ。間々観音は日本でも珍しい、女性の乳房を祀《まつ》ったお寺。古くは母乳がたくさん出るように、あるいは乳癌《にゅうがん》が治るようにと願う女性たちが訪れていたそうだが、最近では、絵馬に書かれた願い事は、「もっと胸が大きくなりますように」というものがほとんどだ。

33歳の誕生日を祝った数日後に、乳房のためのお寺を訪ねるなんて、真剣味が足りないように聞こえるかもしれない。でも、名古屋近郊を走る電車に乗っていたら、ふと疑問がわいた。それにしても、「おっぱいをもっと大きくしてください」なんて、仏様にお願いしていいものなのだろうか?

面白いことに、日本人はなんでもお寺や神社に祀ってしまう。たとえば、東京にはすらりとした脚ときれいな肌になるためのお守りを売っているお寺がある。また、京都の河合《かわい》神社では、かわいい顔になるように願いをこめて、手鏡の形をした絵馬に描かれた顔に化粧をする。京都嵯峨野《さがの》の御髪《みかみ》神社には髪が薄くなるのを止めたい人々が参拝に訪れる。

いつだったか、ガブリエルが山口県にある麻羅《まら》観音の歴史を話してくれた。このお寺は昔々、性器を切りとられた少年を哀れに思った村人たちによって、建立されたという。お寺に至る道には、男根を象《かたど》った石像があちこちにある。ガブリエルによれば、男たちはそうした男根像に肉体関係を持ちたい女性の名前を書く。そして、女性たちは自分の名前が書かれていないことを願いながら、男根像を見てまわるということだ。

わたしは川崎《かわさき》市で毎年開催される、かなまら祭りを思い出した。何年か前に、このお祭りを見に行ったことがある。巨大なピンクの男根が大勢の人に担がれて、賑《にぎ》やかに、神社のまわりをねり歩くのだ。見物に訪れた人々は、男根の形に彫られた幹に腰を下ろし、男根の形のキャンディーを口にくわえて、写真を撮っていた。

そこから、わたしはろくでなし子を思い出した。造形アーティストである彼女は自分の性器を3Dプリンターでコピーし、そのデータを人々と共有したとして、わいせつ罪で逮捕されている。

さて、昼近くなって、間々観音に到着した。お寺は住宅街の中にあり、一見したところ、どこにでもある普通のお寺だ。でも、口と手を清めるための手水鉢《ちょうずばち》は乳房の形をしていて、そこから水が流れていた。境内の奥に、赤ちゃんを抱いた観音像がある。右側の乳房がむき出しになっていて、人が近づくと、そこから水が出てくる。

お寺にまつわる伝説によると、村のある女が赤ん坊を産んだ直後に夫を病で失い、お乳が出なくなってしまった。気の毒に思った村人のひとりが女に米を分けてくれたが、女はその米を自分で食べずに、観音様にお供えした。すると、家に帰った女のお乳が出るようになり、赤ん坊はすくすくと育ったという。

お線香を供える香炉には、大理石でできた2つの乳房がのっている。わたしはお守りが売られている社務所をのぞいてみた。いろいろなお守りがあるが、お乳の形のものもある。わたしは絵馬を選んだ。板に乳房の形の立体的な紙が貼ってある。でも、わたしはそれに願い事を書かずに、バッグの中に入れた。絵馬掛けに他の絵馬の上に重ねて掛けるより、参拝の記念に持ち帰ったほうがいい。

そのとき、1枚の絵馬が目に留まった。ある図形が描かれている。「Aカップから C カップになりますように」という願い事とともに。


東京に戻る列車の中で、わたしは日本人と宗教の関係がとてもシンプルで、かつ健全だと実感した。また、乳房の形や人気アニメのキャラクターを使ってSNS上でプロモーションを展開するなど、神社仏閣が人気集めのグッズ販売戦略を巧みに立てていることにも感心した。そういえば、宗教法人は非課税なのだとガブリエルが言っていた。なるほど、お寺の駐車場に何台もスポーツカーが置いてあるのはそういうわけか。そのせいで、数百の神社仏閣がある京都市は財政赤字に陥っているという話もある。

家に帰って、丸い乳房の絵馬をレモンの木の枝にぶら下げた。ふと、壁のボードに目をやった。

「What would Roland do?（ローランドならどうする?・）」

以前、自分でピンクの付せんに黒のペンで描いたフレーズだ。彼だったら、モテ期なんて気にも留めないだろう。だから、わたしもそんな賞味期限の話は信じない。

ギャップ萌え
Le gap

究極の誘惑術。
相手が想像していたような人
ではなかったとき、
その人の大切な秘密に
触れたような気がする。

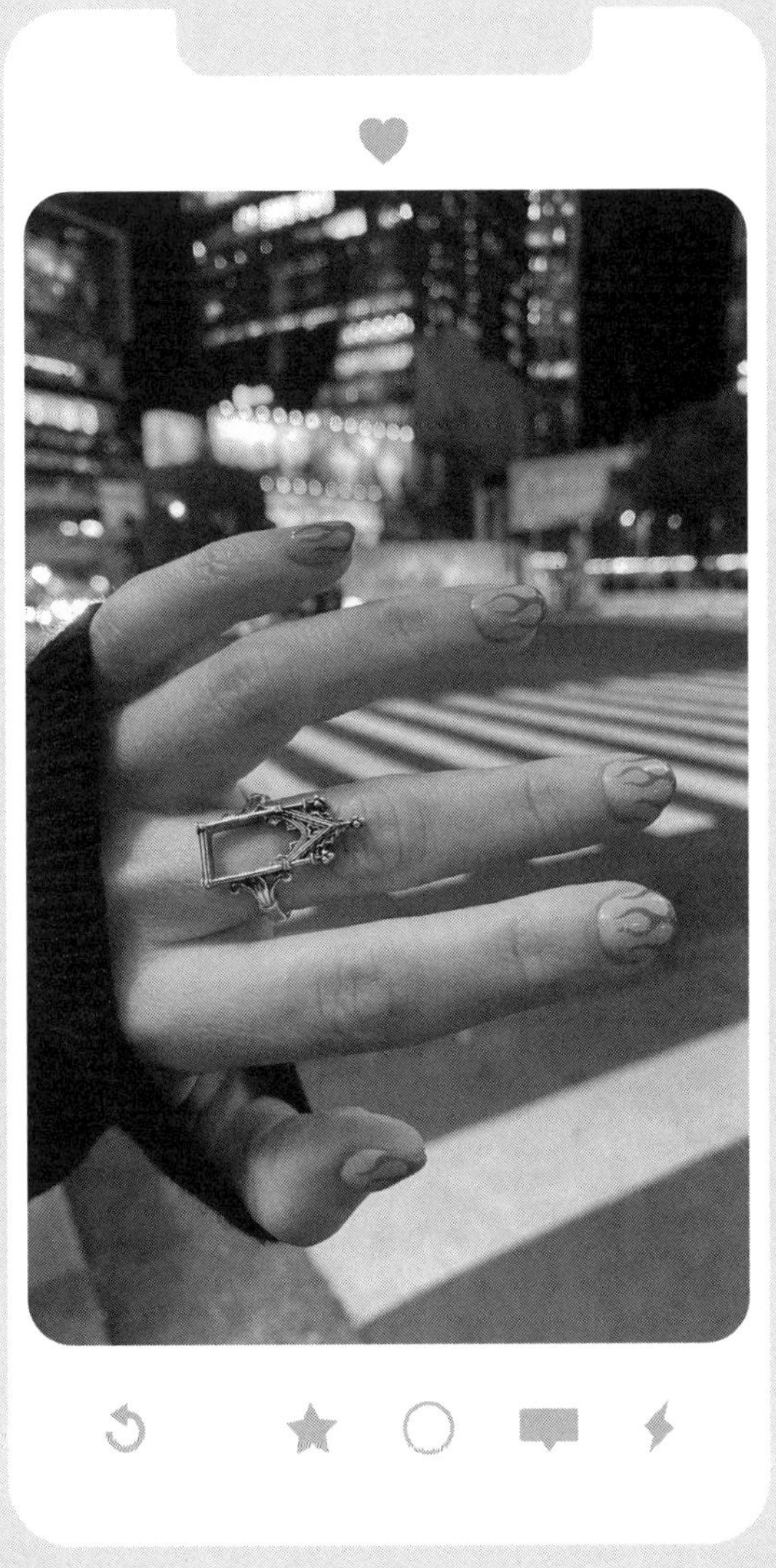

もしかしたら、わたしは究極の誘惑術を見つけたかもしれない。

居酒屋のバイトを辞めて、わたしはある会社でゲームの翻訳の仕事に就いていた。当然、わたしの話し方も居酒屋のときとは違う。それに、圧倒的に男性が多い職場環境でもない。でも、わたしの声と話し方は、あいかわらず、周囲の観察対象となっていた。

ある日、男性同僚のひとりがこう言った。「君のことはきれいだと思っていたけれど、話してみると、君ってかわいいね」

彼の指摘をどう解釈すればいいのか、そのときはよくわからなかった。しばらくして、友人のセイナにこの話をしたとき、「きれい」と「かわいい」は2つの異なるタイプだと教えてくれた。これは女子が与える印象で、2つの間に優劣はない。そう説明するセイナの声に少しばかり失望が感じられたので、わけを訊いてみると、セイナは「かわいい」と言われたいのだという。でも、彼女は背が高い。日本人女性の平均身長を13センチ上回る172センチだ。その結果、必然的にセイナは「きれい」のカテゴリーに入れられてしまうのだとか。

第一印象と実際の性格の違いが、相手を攻略するうえで最強の武器になる。そのことが少しずつ理解できるようになった。女性誌やテレビが取り上げている「ギャップ」、つまり、イメージと実物の差のことだ。確かに、これは絶対に確実なテクニックだ。しかも、ごく自然にふるまっているだけでいい。相手が想像していたような人ではなかったとき、相手の大切な秘密に触れたような気がするものだ。たとえば、見かけは不良少年だが、実は超ロマンティストだったり、プレイボーイに見えるけれど、とても家庭的な一面が垣間見えたり……。実際、振り返ってみると、このギャップによってわたしも攻略されている。元カレは全員、見かけはクールな印象を与えるが、実はとてもロマンティストで思いやりがあるタイプだったのだから。

ローランドはあるテレビ番組で、女性と付き合ったことがないと告白した。誰もが驚いた。あのホストの帝王が、実は、ほとんど恋愛経験がない純情なタイプ？　この告白のあと、インターネット上にコメントが殺到した。まさに、ギャップを利用した天才的なやり方だ。クールな男がとても人間的に見えて、ローランドはさらに多くの人の心をつかんだ。そのいっぽうで、悲観的になった人々もいる。あのローランドでさえ恋人ができないのなら、わたしにできるはずがないと。

また、つねにローランドの行動を注意深く観察しているファンたちは、このときばかりに、ちょっと気になることを指摘した。2019年3月以来、彼はYouTubeの動画で、ローランドの指に結婚指輪のようなものをはめているというのだ。探偵マニアのファンが調査したところ、確かにローランドは指輪をしていて、どうやらカルティエのエレガントなメンズリングだという。それを裏づけるようなローランドの発言をアップしたファンもいる。男が身に着けるべき唯一のアクセサリーは結婚指輪だけだと。

というわけで、この指輪をめぐって、大量の噂《うわさ》がネット上を駆けめぐった。でも、ローランドはかつて、こう宣言していなかっただろうか？　ファンが大切すぎて、結婚なんてできないと。彼は著書の中で、残りの人生をひとりで過ごすことになるだろうとも書いている。でも、そのことを悲観している様子はまったくない。結婚という習慣がまだ根強いこの国で、もっとも有名な独身セレブのひとりであるローランドが結婚しないことを公言してくれてうれしくなった。それにしても、指輪の贈り主は誰なのだろう？

結婚するか、しないか……

Se marier... ou pas

いずれ我慢できなくなる相手と
つまらない人生を送る。
それをわかっていながら、
あえて片道切符を手にする？

表参道の駅のホームで、わたしは正面の大判のポスターを眺めながら、電車が来るのを待っていた。沖縄の海に面した真っ白な教会風のシンプルな建物の中で、新郎新婦が微笑んでいる。この東京のおしゃれなエリアには、結婚式専門の名ばかりの教会が山のようにある。

シュンが言うには、日本人は挙式とハネムーンが一緒になったハワイのパッケージ旅行を好んで選ぶという。そのほうが安くてお得だからと。いつかわたしも、ウエディングドレスを着て、ビーチで結婚式を挙げることがあるだろうか？それも悪くはないけれど、絶対そうしたいとも思えない。シュンと付き合いはじめた頃、彼が教えてくれたことだけれど、日本の女子は結婚の意思を相手に伝えたいとき、『ゼクシィ』を買って、ここぞという場所に、なにげなく置いておくという。『ゼクシィ』は誰もが知っている結婚情報誌だ。

わたしは現在、34歳。見る人によって、自立した女にもなり、婚期を逃したかわいそうなアラサー女子にもなる。1980年代だったら、〝クリスマスケーキ〟と密かに揶揄《やゆ》されたことだろう。もうそんな言葉は使われないが、当時は25歳以上の独身女性を指していた。12月25日を過ぎたら美味しさを失うクリスマスケーキのように、25歳を過ぎたら女性は魅力を失うという意味だ。とはいえ、わたしは25歳を過ぎてから、3人の男性からプロポーズされた。

1人目は、以前なんとなく付き合っていたけれど、もうあまり覚えていない男性からだった。最後のデートから2年たった頃、突然、現れて、「結婚してくれないか？」と言われた。いったい、どういうこと？　わたしはまず彼に理由を尋ねた。すると、オーストラリアで暮らそうと思っているのだが、日本では外国人の在留資格を取得するのが難しいのを知っているので、日本人の自分と結婚すればわたしはビザの問題もなくなり、日本で長期滞在できるようになると考えたからだという。なんて心が広いんだろう。それに、「君を忘れたことはなかったから」とつけ足すように言われたのだが、もう支離滅裂だ。

シュンはわたしにプロポーズした2番目の男だ。今でも断ったことにいっさい悔いはない。

3人目はリョウマ。彼と結婚したら、東京近郊の都市で、彼の帰りをじっと待つようなつつましい暮らしをすることになっただろう。不動産営業マンとして週6日バリバリ働き、そのうち半分は夜10時過ぎまで残業している。そんな結婚生活には夢も希望も見いだせない。

友人のセイナは、わたしがシュンと結婚して、駐在先のヨーロッパに行かなかったことを今でも残念に思っている。そこで駐在員妻として優雅な日々が送れたのにと。

日本人の結婚観を知れば知るほど、わたし自身のそれとのずれが大きくなる。パートナーを選ぶ基準や夫婦のあり方、パートナーとの違いをどこまで許容できるかなど、どれをとっても、日本人の考え方はわたしがこれまでなじんできたものとは相容《あいい》れない。

日本人男性からプロポーズされた経験から言えば、結婚するとはなんらかの契約を交わすようなものだ。そして、結婚とは諦めることだとも感じた。自分のやりたいことを諦めて、いずれ我慢できなくなるにちがいない相手とつまらない人生を送る。それがわかっているにもかかわらず、あえて片道切符を手にするようなものだと。そう思ったのは、職場にいる男性たちを間近に見ていたからだ。彼らは家庭に関心がなさそうで、めったに家にいない。夜は同僚たちと飲みに行く。愛人がいることも珍しくない。ティンダーで既婚者が、愛人欲しさに顔をぼかしているのも見たことがある。

彼らと正反対なのがイクメンだ。これは育児とイケメンの合成語で、積極的に育児に参加する父親のことだが、わたしの周囲にはそんな男性はひとりもいなかった。

そこで思い出すのはケントだ。わたしたちは最初のデートでインスタ交換をしたが、そのとき、ケントのインスタに小さな男の子が頻繁に出てくることに気づいた。実は、離婚しているのだと、ケントが困ったような顔で言った。もし、2回目のデートをすることになったら、そのときに言うつもりだったと。妻は他の男と出ていったという。それ以来、息子に会っていない。もう3年になると打ち明けてくれた。実際、日本では、離婚すると子どもは妻が引きとり、なかなか夫が子どもに会わせてもらえないという話をよく耳にする。

でも、日本で暮らしているうちに、次第にわたしの考えも変わっていった。女性の自立や解放を阻む国では、女性が結婚についてかなり現実的な考え方をするのもやむを得ないと思うようになった。いつまでたっても職場における男女格差が解消されず、昇進も望めない以上、若い女性の多くが高収入の男性と結婚して、専業主婦になろうとするのもわからなくはないと……。

そういえば、大学の医学部が女子学生の人数を制限するために、何年にもわたって、女子受験者の入試結果を操作してきたというスキャンダルがあった。女性は結婚して出産すると働く時間が制限され、また早期に退職するという口実のもとに。男女格差を解消し、女性の労働力を活用するという安倍《あべ》政権の成長戦略のひとつだった〝ウーマノミクス〟も効果がなかったと言われている。女性の社会的な立場はあいかわらず不安定だ。特にシングルマザーともなればなおさらだ。新型コロナウイルスのパンデミックの間、状況は悪化するいっぽうだった。そんな中、ある有名な芸人がラジオ番組で、コロナのせいで生活に困った美人がたくさん、風俗店で働くようになるから楽しみだと発言している。

ある韓国ドラマの、結婚は社会から自分を守る砦《とりで》だという台詞が今でも忘れられない。

日本人女性が望む夫の年収は約500万円というところ。男性は自分の年収を公表し、女性はこの基準をもとに、男性を品定めする。結局、女性も男性も日本社会の仕組みに取りこまれているのだ。乗っている車のブランド名を自慢できる港《みなと》区在住の男性は〝港区女子〟のターゲットになっている。彼女たち自身が東京でもっとも地価が高いと言われる港区に住んでいるわけではない。港区の住人である男性を探している女たちだ。港区の妻たちはセンス良く洋服を着こなし、髪のアレンジも完璧で、ウィークデーの午後、おしゃれなカフェで友人たちとお茶をして過ごす……。でも、そんな彼女たちがちょっと羨ましくはないだろうか？　こうした結婚に対する実利的な見方に、当初、わたしは冷ややかな印象を抱いたものだ。ロマンスのかけらもないと。でも、それこそが、穏やかで幸せな生活を送るための鍵かもしれない。そう思うようにもなった。

28歳で日本にやって来たとき、わたしは結婚に対して漠然としたイメージしか持っていなかった。30代に入った今でも、それは変わらず、あまり結婚に興味はない。それなのに、日本ではとにかく結婚が話題になる。結婚すべきだ、いや、結婚していないのはおかしいと言われ、いっぽう、国際結婚をした友人たちから在留資格取得の苦労話を聞かされ、結婚ネタはすでに独身のわたしの日常の一部になっている。病院でも就職の面接でも、結婚しているかどうか訊かれるし、デートの相手はオープンに結婚について話す。

これまで、最初のデートで相手の男性が「来年までには結婚したいと思っている」とか「次に会う相手と結婚するつもりだ」と言うのを何回聞いたかわからない。そして、どれほど日本人と結婚しろと勧められたことか。そうすれば在留資格の心配もなくなるから、と。

婚活あれこれ

La chasse au mari

「そろそろ、お茶のお稽古を
始めるべきね」
エレガントな60代の女性が
わたしに言った。
結婚相手を見つける
過酷な競争を勝ちぬく
ヒントをくれたにちがいない。

日本語の授業の休憩時間に、先生と目が合った。優しい目でわたしを見ている。先生はお茶目でエレガントな60代の女性。夫はアメリカ人だ。その先生が、唐突にわたしに向かって言った。「あなた、そろそろ、お茶のお稽古を始めるべきだわね」

それは冗談めかした口調だったが、先生の本音が垣間見えた。わたしは結婚相手を見つけるべきで、その過酷な競争を勝ちぬくためのヒントを与えてくれたにちがいないのだ。それは、茶道や書道を嗜《たしな》み、または着物をひとりで着ることができて……。理想的な花嫁候補になるための資格なら他にもたくさんある。

別の先生からこう言われたこともある。「あなた、家計簿をつけているの？　きっと、素敵な奥さんになるわね！」

〝家計簿〟は堅実な生き方をアピールするもので、欧米メディアが飛びつく日本語のひとつだ。日本流の生活の美学《アール・ドゥ・ヴィーヴル》として流用される日本語はこれ以外にも山ほどあるが、家計簿は収支を計算するために出費を記録しておくノートのことだ。

日本にはパーフェクトな妻になるための学校があり、そこで数カ月にわたる講習が行われる。結婚相手を探している最中でもすでに婚約中であっても、パーフェクトな妻と見なされるための作法のすべてを学ぶことができる。失敗しないイメージチェンジに始まり、料理、パーティーでのテーブルマナー、あるいは優雅なお箸の使い方など、相手にいい印象を与えるための心得が伝授される。受講料は高額だが、それもひとつの投資と考える両親の強い勧めで、セイナはこの手の学校に登録した。初日、嫌々ながら学校に行ったそうだが、簡単で美味しい家庭料理のいくつかを教えてもらったので、行ってよかったと喜んでいた。そして、餃子《ギョーザ》とオムライスの作り方をわたしに見せてくれた。ちなみに、〝オムライス〟とは鶏肉入りのケチャップご飯の上に、トロトロのオムレツがのっているもの。わたしはさっそく、作ってみた2品を写真に撮って永久保存し、当時付き合っていた彼に送った。

このように、積極的に結婚相手を探すことを、日本では〝婚活〟というが、これはとてもまじめな話だ。婚活という言葉は2007年頃に生まれ、社会学者の山田昌弘《やまだまさひろ》の著書によって広まった。30代になる前に結婚して子どもを産むというプレッシャーは、日本ではそれほど強い。いっぽう、婚外子はとても少ない。

婚活中の独身者を対象にしたビジネスは絶好調だ。夫探しのマニュアル本はよく売れる。婚活セミナーや婚活講座で自分を磨いたら、そのあとは結婚相談所に向かう。結婚を希望する独身の男女に結婚相手を斡旋《あっせん》するエージェントだ。ここでは、いい結婚相手を見つける方法からオンラインのプロフィール用の写真の撮り方まで指導してもらえる。ランキング上位の結婚相談所のサイトを見ると、20代女性を対象にしたスペシャルプランがある。そのキャッチフレーズは「いつかじゃ遅い!」そして、大きな色文字で、「日本の平均初婚年齢は男性30・8歳、女性29・2歳。今すぐ婚活を始めて、29歳までに結婚を目指そう!」と続く。34歳のわたしは危機的状況と言われたのも同然だ……。

婚活の一環として、〝お見合いパーティー〟と呼ばれるイベントがあり、独身の男女が出会う機会が作られる。参加者の年齢に厳格な基準が設定されているパーティーもあれば、高収入の男性、または医者や弁護士など職業を限定したパーティーもある。婚活サービスの運営会社はそれぞれ、時間とお金を節約できるとか、真剣に結婚を考えている人だけ紹介するなど、成婚率の高さをアピールしている。中には、将来の伴侶となる人の家族や経済的状況、さらに先祖まで遡《さかのぼ》って調査する結婚相談所もあると、同僚のひとりが教えてくれた。

添い寝は裏切り？

Dormir ensemble, c'est tromper ?

ソフレとは
「添い寝フレンド」のこと。
日本の男女にとって、
セックスはもはや
優先事項ではないらしい。
恋愛も。

その夜、わたしはフランス語が少し話せるパティシエとディナーだった。食事も会話もいい感じに進んでいた。そのうちに、パティシエが、口に食べ物が入ったまま、売春婦に会いに行ったことがあると言いだした。ひとりではなく、仲間たちと飲みに行った夜のことだったとか。「またいつか行こうと思ってるんだ」彼はそうつけ足した。

「恋人がいても?」そう尋ねると、「あ、いや……」

日本では、夫婦間での裏切りはあえて口にしないものとされているのではないだろうか。わたしの周囲を見まわしてみると、上司も友人もほぼ全員、パートナーを裏切っている。とはいえ、不倫はキャリアを台無しにするリスクにもなる。愛人と一緒にいるところを写真に撮られた芸能人が謝罪会見を行うのは、ほとんど恒例行事だが、その後、彼らのメディアへの露出度は低くなる。芸能人に限らず、政治家も同じ運命をたどることがある。2016年、当時、ある国会議員が不倫をしていたことを認めて、議員辞職した。彼の妻は同じく国会議員、出産が間近に迫っていた。しかも、彼はその前に、妻が出産したあとは育児休暇を取ると宣言して、喝采《かっさい》を浴びたところだった。その頃、育児休暇を取る男性は圧倒的に少なく、国会議員では彼が初めてだったからだ。

日本人男性と結婚したアリスは、夫の同僚たちの配偶者全員と知り合いだが、夫の裏切りは暗黙の了解だと断言する。ある程度目をつぶると答える妻たちがとても多いという。「お金を払う相手となら、裏切ったことになる？　いいえ。お金を払った対価として受けとるサービスで、感情は存在しないから」

ガブリエルの説明によれば、パートナーに対する裏切り行為には〝浮気〟と〝不倫〟の二通りがある。でも、法律的に明確な定義や区分があるわけではないらしい。どちらにしても、配偶者以外の相手と肉体関係があれば裏切り行為と認定され、離婚する場合、高い慰謝料を払うことになる。

そういうわけで、わたしは妻帯者だけは避けていた。ところが、ある40代の男性とランチデートをしていたとき、彼から「妻子がいる」と言われてしまった。「隣のテーブルに赤ん坊を連れた若い女性がいたから、なかなか切りだせなかったんだけど、実は、最近、付き合っていた若い女（つまり、愛人）と別れちゃって、新しい相手を探してるんだよね」なんたる恥知らず！　わたしは食べるのをやめて、すぐに席を立った。

離婚裁判で相手に過失があることを証明するために、裏切られたほうは離婚専門の探偵事務所に相談することもある。そういう探偵事務所のチラシが定期的にわたしの郵便受けに入っているのは、わたしがラブホテル街の近くに住んでいるからだろうか。そう思うと笑ってしまう。さらに、〝別れさせ屋〟と呼ばれるプロ集団まであるらしい。彼らは若い男性、または若い女性を送りこみ、妻または夫が過ちを犯すように誘惑する。そうやって裏切りの証拠を作るわけだ。

フランスに比べれば、日本の離婚率はまだ低い。最近では、離婚はマッチングサイトでも「バツイチ」または「X1」と明記され、そのイメージも変わりつつあるようだ。離婚経験者は結婚の経験者でもあるわけだから、離婚に至るまでの試練を経たことで精神的に成熟していると見なされる。わたしがディナーデートをしたバツイチの男性は、それを裏づけるようにこう言った。「離婚理由が家庭内暴力や不倫のような重大なものでなければ、離婚経験者は忍耐強く、思いやりがあると見なされているんだよ」ここ数年、シニア世代の熟年離婚がちょっとしたブームだった。

ティンダーの登録者の中には、「セフレ」、つまりセックスフレンドを探している人たちもいる。また、「友だち以上、恋人未満」募集中の人々もいる。さらに、「ソフレ」を求めているプロフィールもあった。日本語の新たな語彙をつねにリアルタイムで自分の辞書に加えることを心がけている者として、わたしはさっそく、調査に着手。すると、非常に興味深い日本人のフレンドゾーンが見えてきた。〝ソフレ〟とは「添い寝フレンド」の略語で、具体的には、一晩添い寝をする異性の相手。一緒に眠るだけで、そこから先へは進まない。そうすれば、良心の呵責《かしやく》を感じずに、孤独から逃れられる。さらに調査を進めると、ソフレの多くは友人や同僚だった。わたしの友人や付き合っている相手、そして同僚たちもこっそりとこうした関係を持っているのだろうか？　驚くべきことに、決まった相手がいながらソフレがいる男女が決して少なくないらしい。でも、パートナー以外の誰かと一緒に眠ることはパートナーを裏切ることにはならないのだろうか？　似たようなタイプに〝オフレ〟がある。これは「お風呂フレンド」の意味で、一緒にお風呂に入る相手のこと。異性とは限らない。

こうしてみると、許容範囲を細かく決め、それに応じた名称をつけながら、男女関係の再定義が行われているような気がする。これは日本のカルチャーや社会のあり方が変わってきたということだろうか？　それとも、悲しいことに、ロマンティシズムを失ったア・ラ・カルトな男女関係が生まれているということだろうか？　または、それが手段を選ばない孤独との闘い方なのか？　それでも、少しずつわかってきたのは、誰か相手が欲しい、でも、自分自身は傷つきたくないという、とても自己中心的な愛情願望だ。

それにしても、セックスはそれほど重要ではないのだろうか？　日本では最近、プラトニッククラブどころか〝交際ゼロ日婚〟が話題になっていて、夫婦が愛を深めていくうえで、セックスの重要性が低下しているのではないかと言われている。その発端になったのが、ある人気俳優と人気女優の結婚だった。彼は彼女に40通以上のラブレターを送って想いを伝えようとしたが、まったく相手にされなかった。しかし、彼がプロポーズしたところ、彼女はそれを受け入れ、ふたりは一度もデートすることなく結婚した。

日本の男女にとって、セックスはもはや優先事項ではないらしい。恋愛もだ。そして、欲望も活力も失われつつある。長時間労働と職場の複雑な人間関係に疲れ、とりあえず、なんらかの形で願望や必要性を満たすことで彼らは現実逃避をしている。具体的には、アイドルとの出会いを想像したり、〝同人誌〟を読んで妄想したり、あるいはカフェで拡張現実《AR》ポルノを眺めたり、アダルトグッズやレアものを集めたり……。つまり、自分の欲望を満たすために、もはや他人を必要としていないということだ。

ある夜、ガブリエルとニーナとわたしの3人で池袋《いけぶくろ》のバーにいたとき、ガブリエルが一部の居酒屋には隠れメニューがあると言いだした。そういう居酒屋ではTENGAを買うことができるという。TENGAとは有名な男性専用アダルトグッズのブランド名だ。「この店にあるかどうか訊いてみよう!」と言って、店員に声をかけた。すると、店員は困ったような表情で、それでも笑いながらガブリエルに言った。「女性に教えちゃだめですよ、お客さん!」

数日前、ガブリエルがあるバーのカウンターで飲んでいたところ、隣にいた40代と思われる男性から話しかけられたという。男性は宝探しゲームに参加した帰りで、男性の前に置かれたビニール袋には女性がはいた下着が入っていたそうだ。ガブリエルはそうしたゲームのネットフォーラムを教えてくれた。ついでに、ゲームのルールも説明してくれた。

まず、あるウェブ上の掲示板に男性が次のような書きこみをする。「今夜9時、○○に下着を置いておきます」そして、下着が入っている袋の写真(つまり、宝物)と、その位置を示す写真を投稿する。宝物は袋を最初に見つけた人のものになる。いっぽう、勝者はゲームに勝ったことを示す写真を投稿しなければならない。

「でも、彼女たちは自分のはいた下着がそんなふうに使われていること、知ってるの？」ほとんど裸で顔だけ隠している女性たちの写真を前に、わたしは思わず尋ねた。

「知ってるときもある」ガブリエルがさらりと言う。「オプションとして、女性がその場所にいることもあるぐらいだからね。一番に到着した男は、その女性の下着を脱がせることができる。さらに、新しい下着を女性にプレゼントすることもあるらしい……。もちろん、事前にサイズを知ったうえでね」

カウンターにいた男は戦利品に酔いしれていたという。そして、ビニール袋の中身について初対面のガブリエルに話したくてうずうずしていたそうだ。

その話の流れで、わたしは〝ブルセラ〟についても知ることになった。ブルセラとは「ブルマー」と「セーラー服」の合成語だ。ブルマーはもともと、女子生徒の体操着だったのだが、ここでは女子生徒がはいている下着を指す。セーラー服は海軍の水兵の制服を参考にした女子生徒の制服のことだ。この制服フェチが集まるのが〝ブルセラショップ〟である。ここに行けば、さまざまな時代に日本全国の学校で着用された制服を手に入れることができるそうで、何十万円も払って、希少モデルの制服を買っていく客もいるという。いっぽう、女子生徒はお小遣いを稼ぐために、スクールバッグからソックスにいたるまで、自分が身に着けていたものを売りに来る。彼女たちの使用済みパンツも売られているが、これは商品としてはまだマシなほうらしい。販売されている商品は持ち主の写真付きとのことだ。

ブルセラなるものが登場したのは1980年代。グラビアアイドルが女子生徒の制服を着てポーズをとったのが始まりと言われている。18歳未満の女子が身に着けた下着の売買を規制する法律がなかったので、ブルセラショップは児童ポルノとは見なされなかった。2004年以降、法律の見直しが行われ、警察が監視の目を光らせるようになった。18歳未満の青少年の下着や唾液の販売は禁止となったが、それでも、中古品の販売アプリに出店したり、オンラインの販売サイトを作ったりして、ブルセラショップは生き残りを図ろうとしている。そして、女子生徒たちもネットを利用して、業者を通さず、直接、客に販売するようになっている。2022年には、女子生徒の使用済みマスクのフリマがあったぐらいだ。

「彼氏が抱き枕を持ってたら、どうする？　ホント最悪だよね！」ガブリエルが言った。〝抱き枕〟とは1・5メートルサイズの枕で、セクシーなポーズをとった漫画やアニメのキャラクターがプリントされている。これを抱いて毎晩寝ているとしたら、確かに、かなりマズいかもしれない。

日本に着いたばかりの頃、高円寺のアパートを見つけてくれた不動産屋から、1階には住まないようにとアドバイスされた。また、絶対に下着を外に干してはいけないとも言われた。「問題は下着を盗まれることじゃないんだ。やつらはいったん盗んだ下着を数時間後に、物干しに戻すんだよ」そのときは、外国人で、しかも犬連れで、それだけでもアパートを見つけるのが大変だったというのに、やれやれ……と思ったものだ。

アニメやドラマを見ていると、女性主人公が、ひとり暮らしであるにもかかわらず、男性のトランクスを物干しに干すシーンがある。これは、一種の防犯対策で、女性のひとり暮らしであることを悟られないためだ。防犯対策について情報交換している女性たちもいる。男性用のTシャツとトランクスと靴下、最低でも5枚用意しておくこと。いつも同じものを干していたら、かえって目立つ。女性がひとりで暮らしていると知らせているようなものだから……といったように。

その夜、ガブリエルは絶好調で、ヤクザや金持ちの男性が好んで行うという美容整形まで教えてくれた。これはペニスの皮下に真珠を埋めこむもので、挿入したときに相手の快感を高めるのが目的だそうだ。ガブリエルは実物を見ている。ある夜、ある男性が、その場にいたみんなの前で、ズボンを下げて見せてくれたそうだ。

セックスレス

Sexless

盛り上がらないデートも
絶対に失敗に終わらせない。
関心がなさそうな相手こそ、
誘惑して落とす。
でも、そこまでして
何を得ただろう——
「だったら、
二次元の恋人にしてみる？」

〝セックスレス〟という言葉が街中にあふれている。そうやって、日本人は少子化と同時に不倫を正当化しているように見える。いや、むしろ、弁解していると言うべきかもしれない。

セックスレスという言葉はまた、性体験なし、デートもしたことがないという若者が増えている日本の現実も示している。実際、毎年、新聞雑誌に衝撃的な数字が掲載される。最近見たのは、「30代男性の4人に1人は性体験なし！」という見出し。つまり、日本の30代男性の25％は童貞ということになる。本当だろうか？　でも、そういえば、バイト先の居酒屋にいたサトウさん、年齢は40歳ぐらいだったと思うけれど、スタッフは全員、童貞だと言っていた。もしかしたら、「4人に1人」は現実なのかもしれない。

日本の社会はとても保守的で、結婚しようとせず実家に依存する若者には厳しい見方をする傾向が強い。彼らは〝パラサイト・シングル〟というレッテルを貼られてしまう。

結婚と少子化について調べていたら、面白いことがわかった。2003年、首相経験者の森喜朗《もりよしろう》が「子どもを1人もつくらない女性を、年をとったら税金で面倒みるというのは、本当はおかしい」と言って、世間の大ひんしゅくを買った。2007年には、厚生労働大臣の柳澤伯夫《やなぎさわはくお》が女性を「子どもを産む機械」にたとえ、謝罪。さらに、2014年、愛知県の市議会議員だった長田共永《おさだともなが》が次のように発言。「婚姻届をいただいた方には、子どもを産んでもらうために、穴の開いたコンドームを配ったらどうか」ここまでくると、あまりにも非常識で、もう笑うしかない。もちろん、長田氏も謝罪に追いこまれたようだけれど。

わたしの大好きな渋谷は、ホステスのいるクラブやDVD鑑賞ルームと競うようにラブホテルが並ぶ街だ。ちなみに、DVD鑑賞ルームの入口には「ホテルがライバル!」という宣伝文句が書かれている。これを読めば、どういう場所かすぐにわかってもらえるだろう。さらに渋谷は、ホストクラブや〝高収入〟の求人を呼びかけるアドトラックがしょっちゅう走っているエリアでもある。ここで〝高収入〟といえば風俗店で働くということ。だから、セックスは街中にあふれているように見える。寝室を除けば……。

わたし自身は結婚を急いではいない。それでも、デートした相手をその気にさせるさまざまなテクニックを覚え、相手に応じて巧みに使いわけるのも楽しかった。その間、わたしのトーク力も鍛えられた。お芝居の台詞のように。

でも、そうやっているうちに、わたしはいつの間にか、1つの女性の型《タイプ》を作り上げ、それに自分自身を当てはめるようになっていた。だから、デートの相手は違っても、デート自体はそれほど変わらない。いつも、事前に相手の質問を想定して、答えを用意しておく。本番ではそれを忠実に再現する。最初は盛り上がらないデートも絶対に失敗に終わらせない。相手がものすごく内気な男の子なら、まず気持ちを楽にしてあげる。こちらに関心がなさそうな相手こそ、誘惑して落とす。どんな相手であろうと素敵なひとときを過ごさせてあげる。そうすれば、相手は必ずと言っていいぐらい、次のデートを申しこんでくる。

でも、そこまでして何を得ただろう？　わたしは少しずつ、ディナーに行くときに、あるいは仕事に行くときにかぶる仮面の重さを意識するようになった。このもうひとりの自分はあくまでも外出用で、完全にコントロールできていると思っていたのに、いつの間にかわたしの日常を支配していた。本当の自分はどっち？　わたしは次第に違和感を覚えるようになった。そして、2回目のデートに進んでも、また仮面をかぶるのかと思うと、気が重くなるばかりだった。

そんなときだ。ニーナが冗談めかしてこう言った。「だったら、二次元の恋人にしてみる？」

わたしは好奇心にかられて、さっそく、「イケメンヴァンパイア」なるアプリをスマホにダウンロードした。これは、吸血鬼に生まれかわった歴史上の人物と主人公であるヒロイン、つまりわたしが恋愛を繰りひろげるという〝乙女ゲーム〟のひとつ。二次元で描かれる登場人物は必ずしもわたしの好みではなかったけれど、確かに、ジャンヌ・ダルクやナポレオンが、セクシーでミステリアスなヴァンパイアとして描かれている。

それにしても、〝おひとり様〟市場となると、日本人のユーモアと創造性は尽きることがない。

ゲームが進むにつれて、わたしはヴァンパイアたちに彼らが望むような台詞を言わされていることに気がついた。このゲームのヒロインはわたしじゃなかったの？　そう思った瞬間、わたしはゲームを放棄した。そもそも現実世界より満足感が得られたわけでもなかった。ニーナにそう言うと、今度は「はーとふる彼氏」の英語版を勧められた。これは鳩《はと》と恋愛するゲームで、主人公の十坂《とさか》ひよこ以外、登場人物はすべて鳩。ひよこは鳩の学校、聖ピジョネイション学園に通う女子学生だ。漫画家でイラストレーターの玻都《はと》もあ氏が、4月1日のエイプリルフールにアイデアを思いつき、ゲーム化したと言われている。確かに設定が面白いと思ってやってみたが、12のエンディングをすべて達成することはできなかった。

ある日、ふと思いついて、秋葉原《あきはばら》の海賊コンセプトのメイドカフェ〈パイレーツ・ダンディ〉に行ってみた。海賊のコスチュームを身に着けた女の子たちを見ていたら、「イケメンヴァンパイア」に出てくる中性的なキャラクターを思い出した。わたしのお相手をしてくれたミキは、一緒にお茶を飲みながら当たりさわりのないおしゃべりをしたあと、常連客のテーブルに行った。わたしは会計を済ませて、エレベーターで1階まで下りたが、その間、ビルの全階が〝コンカフェ（コンセプトカフェ）〟であることがわかった。各コンセプトは驚くほどバラエティに富んでいて、ちょっと風変わりなものから意表を突くようなものまで、とにかく、さまざまな趣向が凝らされている。

たとえば、金曜日と土曜日の夜だけ開いているカフェ。貼り紙には「不眠症の人々のために」と記されていて、黒いドレスに真っ白なエプロン姿の女装メイドの男性ふたりが写っている。月曜日は「病院」、火曜日は「動物」、そして水曜日は「学生」というように、メイドの衣装のテーマが日替わりするというカフェもある。

もちろん、超ミニスカートのメイド服を着た女の子たちがいる元祖メイドカフェも健在だ。日本に着いてすぐ、わたしはそんなオリジナル版メイドカフェに行って、ネコ形のパンケーキを食べた。パンケーキを運んできたメイドの女の子が食べる前にどうしても一緒にダンスをするというので、付き合った。「1、2、3……小さくハートポーズ！」という最後の決め台詞までやった。メニューにはデザートと飲み物、そして好きなメイドと一緒のポラロイド撮影が含まれる。店内は男性客がほとんどで、隣のテーブルにも30代と思われる男性が座っていた。メイドたちが次々に挨拶にやって来たぐらいだから、常連客だったのだろう。男性はカバンからフォトブックを出して眺めていた。メイドと一緒に撮った写真が数十枚おさめられている。ひとりとして同じメイドはいない。全員違うメイドだ。この写真のコレクションをするために、男性はどのくらいのお金をつぎこんだのだろう？　わたしはいつの間にか、メニューの値段をもとに、頭の中で電卓をたたいていた。

「オタクの聖地」として有名な秋葉原には、エレクトロニクス製品、漫画やアニメ、ロボットにミニチュア電車など、オタクのための店が何百軒と集まっている。観光客だけでなく、地元の人も大勢やって来る。わたしが初めて秋葉原を訪れたのは2012年、初めて日本を旅行したときのことだ。漫画専門の店を訪れたときには驚きのあまり、思わず声が出そうになった。店のいちばん奥の壁がグラビアアイドルのエロチックな写真集や、絶対領域（ボトムスとソックスの間の太もも）やパイスラッシュ（バッグの斜めがけなどによって強調されたバスト）の写真集で埋めつくされていたからだ。でも、もっと驚いたのは、まだ10代と思われるアイドルたちの水着姿の写真集や児童ポルノの漫画まで置かれていたことだ。これには驚きを通りこして、ゾッとした。日本では漫画やアニメは児童ポルノの取り締まりの対象外だという。わたしはそういうものをいきなり、大量に目にしてしまったのだ。観光客としてふらりと訪れた秋葉原で、何の予備知識もなく、当然、まったく心の準備もないままに……。

東京都の人口、約1400万人。
そのうち、独身者はどのくらい？
こんな大勢の中で、孤独を感じる
なんてどうかしてる。

おひとり様
Solitude

今年は偶然にも、「革命的非モテ同盟」が主催するバレンタイン粉砕デモに遭遇した。参加者は20人前後といったところ。それでも、「バレンタイン粉砕」と書かれた幟《のぼり》をかかげ、「恋愛資本主義、反対!」と声高に叫んでいる。

この団体はクリスマスにも同様のデモを行う。12月24日のクリスマスイヴは、日本でもっともロマンティックな夜になる。カップルは互いにプレゼントを贈り、クリスマス・ディナーに出かける。クリスマスの数週間前から、街中にときめきが漂う。香水の香りのように。男性も女性もプレゼントを買いに行き、レストランを予約し、イヴに何を着ていこうか考える。クリスマスイヴはまた、プロポーズにもっとも適した日でもある。いっぽう、決まった相手がいないシングルは、イヴをひとりで過ごしたくないので、誰かを探そうと必死になる。

そういうわけで、今年もまた、わたしはふたりの元カレからメッセージを受けとった。「やあ、久しぶりだね! どう、元気?」

東京で暮らすようになってから、クリスマスイヴもクリスマスも特別な日ではなくなった。それでも、ガブリエルからもらった小さなクリスマスツリーを飾りつけるぐらいはする。12月24日、いつものように、18時に会社を出て、まっすぐ帰宅した。日本では、24日も25日も祝日ではない。出勤日なのだ。シャワーを浴びて、冷えた身体を温めたら、パジャマに着替える。そして、韓国ドラマを見る。今見ているシリーズは復讐《ふくしゅう》の物語だ。クリスマスイヴの夕食はいたってシンプル。買ってきた赤いフルーツケーキをエドガーと分け合う。

ふと思いついて、ティンダーにアクセスしてみると、何人かのプロフィールに知らない言葉が記されていた。〝クリぼっち〟……？　さっそく調べてみると、クリスマスをひとりぼっちで過ごすこと、またはそういう人を意味するらしい。わたしはそれからスワイプを始め、何人かマッチした相手からメッセージを受けとった。いきなり「ホテルに行かない？」わたしは思わず笑ってしまった。彼らはそのぐらい必死なのだ。もう9時を過ぎているというのに、イヴをひとりで過ごしたくない一心で、残された時間で同じメッセージをひたすら送りつづける。なんだか、瓶に入れた手紙を海に流すようだけれど、本当にそれでうまくいくのだろうか？　疑問に思ったが、うまくいくからやっているのだろうと思いつつ、ログアウトした。

それにしても、東京で誰かと出会うのはとても難しい。東京都の人口約1400万人。そのうち、独身者はどのくらいだろう？　こんな大勢の中で孤独を感じるなんてどうかしている。でも、日本では孤独・孤立対策担当大臣が任命されたぐらい、孤独は大きな社会問題なのだ。

そのいっぽうで、おひとり様向け市場はますます多様化している。ひとりでも気持ちよく食事ができるように、カウンターに衝立《ついたて》を設置して、おひとり様専用のスペースを作るレストランも増えた。また、おひとり様専用のカラオケルームがあるカラオケ店もある。ひとりでキャンプをするソロキャンプの宣伝キャンペーンも行われているぐらいだ。極めつけは、ソロウエディングだろう。結婚式の気分を味わいたい独身女性がウエディングドレスを着て、写真を撮るというサービスらしい。

アダルト天国

Le business du sexe

ティンダーで知り合い、
ランチデートした相手から、
ハプニングバーに連れていって
あげると言われたことがある。
わたしは丁重にお断りした。

ガブリエルはときどき、わたしのような日本在住の外国人女性の目に触れることがないものについて話してくれる。彼は日本のアダルト施設の常連で、実によく知っているのだ。「そうやって、彼らは金を稼いでいるんだ」とガブリエルは言う。そういうわけで、彼はいつもこの手の話題に事欠かない。

たとえば、局部に小さな布を巻いただけの全裸の女性の身体に盛りつけられたすしを食べたことが何回かあるという。この〝女体盛り〟は限られた客相手の裏メニューのようなものかもしれない。なにしろ、食品衛生法に触れる可能性があるので、レストランは上客相手にしか行わないらしい。「とにかく、時間がかかるんだ。シェフが身体の上に食べ物をすべて並べるまで待たなければならないからね。でも、準備が整うと、お楽しみが待っている。特に、オジサンにはたまらないお楽しみがね。中には、女性の乳首をくすぐって喜ぶオヤジもいるし……」

女体盛りの男性版、〝男体盛り〟も、まれに行われることがあるらしい。

そのガブリエルが、今度は、〝おっぱいクラブ〟に行ったというのだ。クラブと言ってもバーで、ウエイトレスは上半身裸。客は彼女たちの胸を触ることができるという。

「それにしても、毎回思うことだけど、おっぱいに吸いつく爺《じい》さんと仕事の契約を結ぶというのは、ちょっとね……」

ガブリエルによると、日本では同僚やパートナーと連れだって〝スナック〟や〝キャバクラ〟に行くという。

スナックは、ママと呼ばれる女性がやっている小さなバーのようなもので、雇われた女性たちがいることもある。客はカウンターに座って、一杯飲んだり、カラオケで歌ったりする。スナックが誕生したのは、1964年の東京オリンピックがきっかけだったという。当時、世界最大のスポーツの祭典を開催するにあたって、日本は規制を強化し、歓楽街を厳しく取り締まった。その結果、酒のみを提供する飲食店は午前0時以降の深夜営業ができなくなった。そこで、カウンター主体の酒場は「軽食《スナック》」を提供することで規制を逃れた。そこからスナックという名称も生まれたとされている。

いっぽう、キャバクラにはいくつかのオプションがある。まず、〝いちゃキャバ〟では、客は店員のベルトから上の上半身と服の上からのスキンシップが可能。〝セクシーキャバ〟になると、客は店員の服の下に手を入れることができる（ただし、つねにベルトから上の上半身に限る）。こうした決まりは、追加料金次第で、かなり緩やかになるらしい……。

もし、そうしたアダルト施設に行こうと思うなら、専門の代理店がある。日本語が読めなければ、ど派手な色使いの異様に大きな漢字の看板がかかげられた店の前もなにげなく通りすぎてしまうだろう。この〝無料案内所〟は、旅行代理店や不動産屋と同じように、周辺にある大人のための娯楽施設をリストアップしている。客の求めるサービスのタイプや雰囲気、そして予算に応じて、案内所の担当者はオプションをいくつか提案する。どこに行きたいか決まれば、担当者はアダルト施設に電話をして、空いているかどうか確認する。ＯＫであれば、迎えがやって来て、その場所まで連れていってくれる。おまけに利用割引クーポンまでもらえるのだ。つまり、無料案内所とそこで紹介されるアダルト施設は提携しているということ。各施設は無料案内所にマージンを払っている。なにしろ、客を紹介してくれるだけでなく、店側が提供するサービスのクオリティの保証人ともなってくれるのだから。

わたしもこれまで何度も無料案内所の前を通った。そして、日本語が読める今、街のいたるところにセックス関連のショップがあることがわかる。だから、誰の目にも留まるはずだ。外国人旅行者が東京らしいと好んで撮るネオンや色とりどりの看板が写っている写真の中にもちゃんと入っている。人目を忍ぶアダルトビジネスが街の風景の一部になっているなんて、夢を見ているみたいだ。

日本のアダルト産業は創造性にあふれた分野でもある。たとえば、〝イメージクラブ〟では、普段はできないような行為を疑似体験できる。男性客は自分の妄想を実現するべく、女の子とシナリオ（シチュエーション）と服装（コスチューム）を選ぶ。部屋の内装も学校の教室や病院、あるいは電車の車両などから選ぶことができる。提供されるシチュエーションは比較的穏やかなものから性的な妄想の極致に至るものまで幅広い。どんな欲望もかなえられる。そこにはタブーも制約もない。

定期的に、奇抜なサービスが登場する。だいたい短命に終わるのだが、話題になり、そこからエキセントリックな日本というイメージが生まれる。たとえば、〝レンタルぶさいく〟。これは、主観にもよるが、ぶさいくな容貌をした人が必要とされる場所に出向く出張サービス。いっぽう、イケメンが一緒に泣いてくれるうえに、涙まで拭ってくれるという出張サービス、〝イケメソ宅泣便《たっきゅうびん》〟もある。それから、〝ツンデレカフェ〟。ツンデレとは普段は冷淡で無愛想なのだが、ふとした拍子に甘えた態度をとる、そんな二面性のある性格をいい、アニメのキャラクターに使われることが多い。そこで、ツンデレカフェでは、ウエイトレスがあえて、上から目線の態度で客に接する。客が呼んでも無視したり、ぞんざいに答えたりする。また、男性客が女性の太ももの上に頭をあずけ、耳掃除をしてもらう〝耳かき専門店〟もある。さらに、〝添い寝カフェ〟では、女の子の隣に横になることができる。

性的サービスを提供している店もある。まず、〝ピンク・サロン〟では、お金を払えばオーラルセックスをしてもらえるし、〝ファッション・ヘルス〟はあらゆるタイプの性的サービスを提供している。自宅にいながら同様のサービスを受けられるのが〝デリヘル〟。中には、ポルノ女優との体験をウリにしているところもある。

その他、カップルを対象にしたアダルト施設も山ほどあるらしい。たとえば、〝カップル喫茶〟は、ＳＭ嗜好の男女やスワッピングを楽しみたいカップルのためのもの。

いっぽう、カップルではなく単独で行けるのが〝ハプニングバー〟だそうだ。ガブリエルによれば、一般的に、こうした場所に行くのは女性で、複数の相手との行為を楽しむためとのこと。

わたしはこうしたアダルト施設には行ったことがない。でも、ティンダーで知り合い、ランチデートをした相手から、ハプニングバーに連れていってあげると言われたことがある。わたしは丁重に断った。30代のこの男、付き合っていた彼女に行きつけのハプニングバーのカードが見つかって振られたという。でも、なぜ振られたのかわからないような素振りだった。それが彼女に対する裏切りだとは思わないらしい。

わたしの物語

Ma propre histoire

仕事が終わるとまっすぐ家に帰り、
部屋着に着替え、キッチンで
立ったまま食べたりする。
ひとりが好きで、
単独行動をする――
“干物女”とは、まさにわたし。
そんなわたしもいつかまた、
恋に落ちることがあるだろうか？

YOU ARE
AWESOME!

外は台風が猛威をふるっている。雨戸のない窓に雨が容赦なくたたきつける。今夜、わたしは少しばかり食べるものを買って、週末の残りをベッドにもぐって、Ｎｅｔｆｌｉｘを見て過ごすつもりだ。このところ、日本は週末や連休になるとなぜか、台風がやって来るような気がする。

というわけで、まず、『金魚妻』から始めることにした。豊洲《とよす》の高層マンション〝タワマン〟で暮らす人妻のシリーズものだ。ゾッとする内容なのだが、見るのをやめられない。不倫あり、ＤＶあり、このシリーズに登場する夫婦はすべてうまくいっていない。でも、働きすぎの夫の帰りを待つ日本の妻たちの中に、一瞬、自分もいるような気がした。シュンと結婚していたら、海外駐在から帰国したあと、わたしもそんな生活を送っていたにちがいない。シュンの両親は豊洲に住んでいる。父親は一度、同じ職場の女性と不倫関係にあったとシュンが話してくれたことがある。そして、それが母親にバレたと。でも両親は別れなかった。いっぽう、ドラマの主人公さくらは離婚して、人生をやり直すことを選ぶ。別れた夫も許す。ラストシーンを見れば、さくらは自分よりずっと年下で、ずっと待ってくれたイケメンの若者、春斗《はると》と再会して、一緒になるのだろうと思われる。

次の『きみはペット』は初めて見る日本のドラマだった。30代の主人公スミレが、20代の青年武志《たけし》をペットとして同居させる。やがて武志はヨーロッパに留学する。その間、武志から連絡は途絶えるのだが、武志は自分のもとに帰ってくると信じて、スミレは待っている。そして、ふたりはついに結婚するというハッピーエンドの物語だ。


そのとき、いわゆる運命のいたずらというやつか、それとも、台風のせいで人々の孤独感が募ったからか、突然、わたしのスマホが震えた。4年前、ティンダーで知り合った男性からメッセージが入っていた。彼とは何もなかったけれど、その後もときどき、近況を尋ねるメッセージを送ってくる。でも、今回は、「もう一度、チャンスをくれ」というものだった。

とりあえず、台風はおさまった。わたしはＮｅｔｆｌｉｘを見つづける。誰かとディナーに行くより、エドガーと一緒にパジャマ姿で過ごす……。そんな過ごし方をすることがだんだん増えてきた。化粧もしたくないし、別におしゃれもしたくない。

いい相手が見つからないという悔しさやフラストレーションからか、あるいは、恋愛以上に重要なことがあるからか、ロマンスを放棄した独身女性たちがいる。そんな彼女たちの気持ちがわかるような気がした。そうした女性たちを日本では〝干物女〟と呼ぶ。彼女たちは社交性がなく、わがままで、いわゆる女らしさがない。仕事が終わるとまっすぐ家に帰り、部屋着に着替え、髪の毛も邪魔にならないように1つに束ねて、お菓子をつまみながらテレビドラマを見る。同僚たちと居酒屋に行くよりも、そんなふうにひとりで気楽に過ごすことが好きなのだ。冬の間は足のムダ毛の処理もしないし、ときどき、キッチンの流しの上で、立ったまま食べたりすることもある。彼女たちはひとりでいることを好み、単独行動をする。子どもが欲しいとも思わない。そして、稼いだお金は全部自分のために使う。〝干物女〟とは、まさにわたしだ。

そんなわたしもいつかまた、恋に落ちることがあるだろうか？

ローランドは独身だ。自分の理想にかなう女性に出会っていないという。わたしも同じだ。結婚していなくても、わたしの生活は愛に満ちている。わたしには家族に対する愛情があり、友だちに対する友情があり、そしてエドガーに対する親愛の情がある。わたしは自分に対して嘘をつかない。これもわたしとホストの帝王との共通点だ。ローランドはこれまで多くの人に嘘をついてきたが、自分に対して嘘をついたことは一度もないと言っているからだ。

彼こそ、まさにわたしにとって、夢に描いたような男だ。だからといって、わたしはローランドに妄想を抱いているわけではない。ローランドの中に自分自身を見ているだけ。

わたしとローランドの間にはたくさんの共通点がありそうだ。なんといっても、わたしと同じように、ローランドもマニアックだ。港区の高級タワマンの高層階にあるローランドのロフトは、白と黒を基調にしたミニマリストのインテリアで、大きなガラス窓と鏡が特徴的だ。雑然とした部屋にいると、死ぬほどストレスを感じるとローランドは言っている。「ボトルを並べるなら等間隔で向きまで揃っていなければ気が済まないし、ハンガーの向きは全部同じでないと気持ち悪い」そうだ。こうしたちょっとしたルールやルーチンがローランドの日常のリズムを作っているのだろう。

もうひとつ、わたしが気に入っているローランドの性格がある。自分の流儀に徹することだ。ローランドはスマホの画面を見ている時間を制限するために（そもそもスクリーンタイムが設定され、1日12時間は使えないそうだが）、スマホを箱の中に入れ、タイマー付きの鍵をかけて封印するという。あの小さい画面を見て死んでいくのが嫌だ、と。やり手のビジネスマンでもある彼は、このタイムロックポーチをプロデュースしている。

ローランドは英国スタイルのスーツと高級車とオールドボトルの高級ウィスキーをこよなく愛している。自分の人生を物語のように語り、芸術にまで昇華させて、まぎれもなくその物語の主人公になっている。自分の人生で脇役になってはいけない。それが彼の教訓のひとつなのだ。

日本に来て、試練の連続にめげずに東京で暮らしてきたことで、わたしには思ってもいなかった逆境を生きぬく能力とたくましさが備わった。だから、わたしにはこう断言する資格があるはずだ。わたしも、わたしの人生の主人公だと。

ローランドはまた、エゴイストであることが大事だと知っている。自分はこの世界でただひとりの、特別の存在だと思うことが成功の源になるのだと。そのためには、もちろん、勇気と想像力と、そして、絶え間ない努力が必要だということも知っている。「どんなに楽で居心地が良かろうと、「俺以外」として人生を歩んでいくのは嫌なんだ。きつくても、つらくても、どんな犠牲を払ってでも、唯一無二の「俺」でいたい」と断言している。

わたしの考えもまったく同じだ。日本で生活したことで、わたしはエゴイストになった。自分の生まれ育った国とこれほど異なる国で生活し、働き、そしてさまざまな困難を克服したことで、わたしのサバイバル能力は驚くほど向上した。誰もそれを奪うことなどできない。わたしは自分が強くなったと感じている。そして、そんな自分をとても誇らしく思っている。

エピローグ

ふと思いたって、わたしは自分へのごほうびに、温泉旅館に2泊することにした。〈由縁《ゆえん》新宿〉はすべて木造り、簡素で洗練された佇《たたず》まいのモダンな施設だ。

エントランスに入ると、美しく知的に生けられた花々が客を迎えてくれる。わたしの部屋は新宿の高層ビル街に面した和室。歩くと畳のこすれる音が耳に心地よい。部屋に入るなり、わたしはふかふかの広々とした寝床に身を投げだした。それから、玄米茶を飲んで、浴衣に着替え、さっそく、18階にある大展望浴場へと向かった。お湯は箱根の源泉から運ばれている。

展望浴場には誰もいない。まさにわたしひとりだけのもの。高層ビルの窓明かりが目の前に広がっている。ついにここまで来たのだ。これまでの道のりは、この素晴らしい瞬間を得るためだった。

わたしはワンランク上の幸福を手に入れたような気がした。

参考図書

『俺か、俺以外か。 ローランドという生き方』
ROLAND著（KADOKAWA・2019年刊）

『君か、君以外か。 君へ贈るローランドの言葉』
ROLAND著（KADOKAWA・2021年刊）

Chapter title page photos by Vanessa Montalbano.

わたしを信じてくれて、
迎えに来てくれたピエール・ボットゥーラ氏に感謝します。
そして、エマニュエル・ダザン氏にもお礼を言います。
彼がいなければ、この本は実現しなかったでしょう。

ヴァネッサ・モンタルバーノ

Vanessa Montalbano

パリでファッションを学んだのち、フリーランスのコピーライターとして働きながら資金を貯め、2017年に1年間のワーキングホリデー・プログラムで来日。以来、愛犬エドガーとともに東京で暮らす。本書は2023年にフランスで刊行され話題を呼んだ*TOKYO CRUSH*（原題）の日本語版。

［訳者］

池畑奈央子

Naoko Ikehata

フランス文学翻訳家。筑波大学比較文化学類卒、ロンドン大学修士課程修了。主な訳書に、カジンスキー他『被疑者アンデルセンの逃亡』（竹書房）、レイ『統計の歴史』（原書房）など。

東《とう》京《きょう》クラッシュ

男《おとこ》は星《ほし》の数《かず》ほどいるけれど

2024年 3月25日発行　第1刷

著者　ヴァネッサ・モンタルバーノ

訳者　池畑奈央子

発行人　鈴木幸辰

発行所　株式会社ハーパーコリンズ・ジャパン
東京都千代田区大手町1-5-1
電話 04-2951-2000（注文）0570-008091（読者サービス係）

ブックデザイン　albireo

印刷・製本　中央精版印刷株式会社

Printed in Japan
ISBN978-4-596-53719-5